OS BASTIDORES DO INCRÍVEL

PLANETA TERRA

OS BASTIDORES
DO INCRÍVEL

PLANETA TERRA

COMO FUNCIONAM
NOSSO MUNDO E
SEUS ECOSSISTEMAS

RACHEL IGNOTOFSKY

TRADUÇÃO
SONIA AUGUSTO

Blucher

CONTEÚDO

O GRANDE MUNDO EM QUE VIVEMOS É MENOR DO QUE VOCÊ PENSA...

INTRODUÇÃO

Enquanto você lê esta página, uma onça caça na floresta tropical amazônica, um recife de coral fervilha com vida e um entregador em Nova York pedala a bicicleta com um *bagel* na mão. Todos esses podem parecer acontecimentos não relacionados, mas, na verdade, todos os seres vivos têm mais coisas em comum do que você pensa.

Para começar, todos vivemos no planeta Terra. Juntos, plantas, animais e pessoas giram pelo espaço exterior, protegidos apenas por uma fina camada de atmosfera. Em segundo lugar, tudo na Terra (E eu digo tudo mesmo! Seu cachorro, o carro, o espaguete do jantar e até você!) é formado por átomos. Por fim, todos os seres vivos – não importa se pequenos ou grandes, se é uma planta transformando luz solar em açúcar ou uma pessoa comendo um sanduíche – constroem seu corpo e obtêm energia de sua alimentação. Todos os seres vivos dependem uns dos outros e dos recursos limitados do planeta para sobreviver. Para ver o quanto estamos conectados, precisamos entender os ecossistemas da Terra.

O modo exato como funciona a vida no nosso planeta é uma questão complicada: o mundo pode parecer tão grande. E se você pudesse compreender o funcionamento complexo de uma grande floresta com a mesma facilidade que pode aprender como cuidar de uma planta da sua casa? E se todo o nosso planeta fosse tão fácil de entender como um espécime em um frasco ou um globo numa mesa? Você poderia observar os ventos soprando pó rico em nutrientes do Saara para cruzar o oceano Atlântico, onde ele fertiliza a floresta tropical amazônica. Essas mesmas árvores na Amazônia liberam enormes quantidades de oxigênio no ar. Essas moléculas de oxigênio se misturam com a atmosfera, que então é respirada por animais e pessoas em todo o mundo. A história poderia continuar sem fim. Neste livro, vamos olhar de perto como funcionam alguns dos maiores – e menores – ecossistemas e como o mundo natural se combina para sustentar a vida na Terra.

Olhando para o planeta Terra, você também vê pessoas. Por toda a história humana, transformamos a paisagem de maneiras boas e ruins. Você verá pessoas cuidando da terra em que vivem, como os pastores nas charnecas da Escócia cavando valas para manter os pântanos úmidos. Você verá como as pessoas constroem de maneiras que levam em conta a vida selvagem. No Quênia, as pessoas constroem passagens subterrâneas por baixo das rodovias para que os elefantes possam continuar suas migrações anuais pelas savanas. Você verá cientistas, governos e comunidade se unindo para criar áreas protegidas que preservam a natureza. Porém, também verá como os seres humanos têm usado a terra de maneiras que ferem o mundo natural.

O maior desafio da humanidade é aprender a usar os recursos de forma responsável. À medida que mais e mais pessoas vivem na Terra, ela se torna um lugar menor. As fazendas precisam ser maiores, e as cidades precisam continuar crescendo. Mas, enquanto continuamos a construir, não podemos nos dar ao luxo de perturbar os benefícios naturais que os insubstituíveis ecossistemas da Terra nos dão. A gestão irresponsável e errada da terra e o uso rápido e exagerado de nossos recursos resultam em poluição, mudança climática e destruição de importantes ecossistemas, o que, por sua vez, torna mais difícil para os seres humanos - e toda a vida na Terra - prosperar.

O primeiro passo para proteger nosso planeta é aprender mais a respeito dele. Com uma compreensão verdadeira do mundo natural, podemos extrair da Terra sem destruí-la. Juntos podemos encontrar novas maneiras de cultivar e gerar energia e inventar novos materiais de construção. Mas não podemos esperar que as pessoas cuidem do nosso planeta se não puderem cuidar de si mesmas. Muitas vezes, as comunidades pobres dependem de práticas prejudiciais ou proibidas, como caça ilegal ou exploração de madeira. Ao diminuir a pobreza e criar modos melhores de cultivar e construir, podemos dar a todas as pessoas os meios para preservar a Terra.

Nosso planeta é o único lar que temos. É precioso e necessita do nosso cuidado. O poder de proteger nossa Terra está em cada um de nós. Você poderia dizer que o futuro do mundo está verdadeiramente em suas mãos.

NÍVEIS DE ORGANIZAÇÃO ECOLÓGICA

BIOSFERA

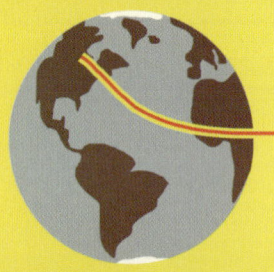

Todos os lugares na Terra em que se encontra vida.

BIOMA

Uma região definida por um clima específico (temperatura e precipitação) e determinados tipos de animais e plantas que se adaptaram para sobreviver e prosperar nesse clima específico.

ECOSSISTEMA

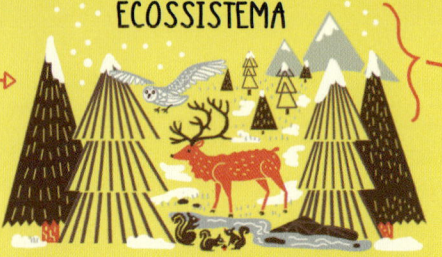

As interações entre todos os organismos vivos e o ambiente não vivo em um determinado lugar.

MAPA DE BIOMAS

★ CIDADES —

Embora cidades e subúrbios não sejam considerados biomas, os seres humanos transformaram tanto a Terra que agora estamos em uma nova era geológica chamada Antropoceno.

O mundo lá fora é grande e complicado! Você pode estudar o planeta inteiro como um todo ou os hábitos de um único organismo. Os *níveis ecológicos* contextualizam tudo isso. O nível mais amplo é a biosfera, que inclui todos os locais em que a vida é encontrada na Terra. Nos níveis ecológicos menos amplos que a biosfera, olhamos mais de perto para partes sequencialmente menores e mais específicas do mundo. O menor nível ecológico é um ser vivo individual, por exemplo, um único esquilo. Os níveis ecológicos são como as bonecas russas, com cada nível se encaixando dentro do próximo nível, mais amplo.

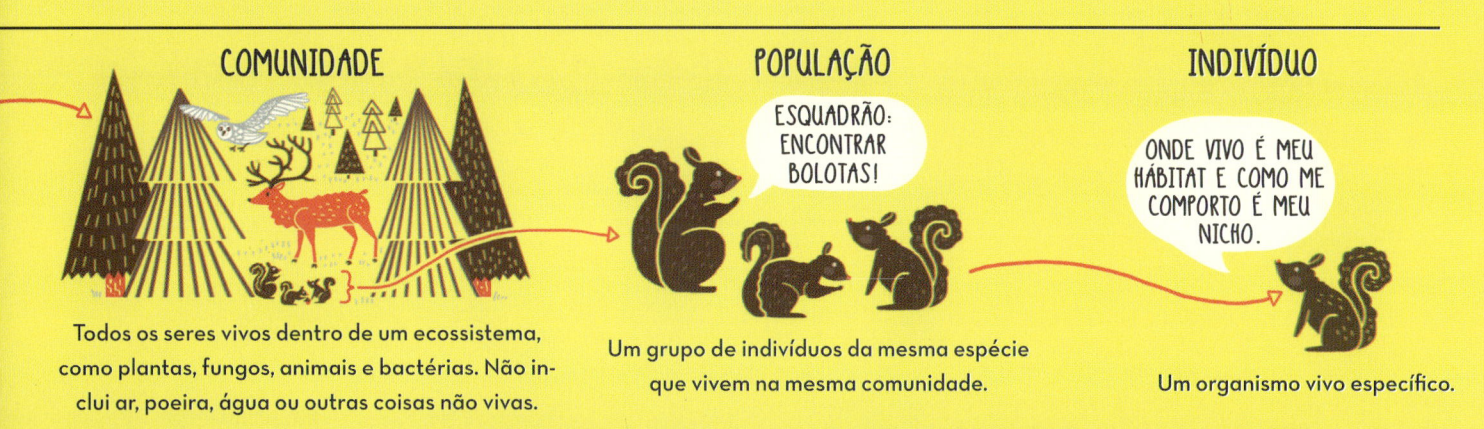

COMUNIDADE

Todos os seres vivos dentro de um ecossistema, como plantas, fungos, animais e bactérias. Não inclui ar, poeira, água ou outras coisas não vivas.

POPULAÇÃO

ESQUADRÃO: ENCONTRAR BOLOTAS!

Um grupo de indivíduos da mesma espécie que vivem na mesma comunidade.

INDIVÍDUO

ONDE VIVO É MEU HÁBITAT E COMO ME COMPORTO É MEU NICHO.

Um organismo vivo específico.

Os biomas são simplesmente uma forma de classificar e descrever as partes gerais do planeta. Cada bioma é determinado por sua temperatura e sua precipitação e pelos seres vivos que evoluíram nesse clima. Existem dois tipos principais de biomas: terrestres e aquáticos. Os ecologistas dividiram esses dois tipos em classificações mais específicas. Os mapas de biomas podem ser divididos de muitas formas diferentes e nos permitem entender as semelhanças entre lugares em lados opostos do mundo.

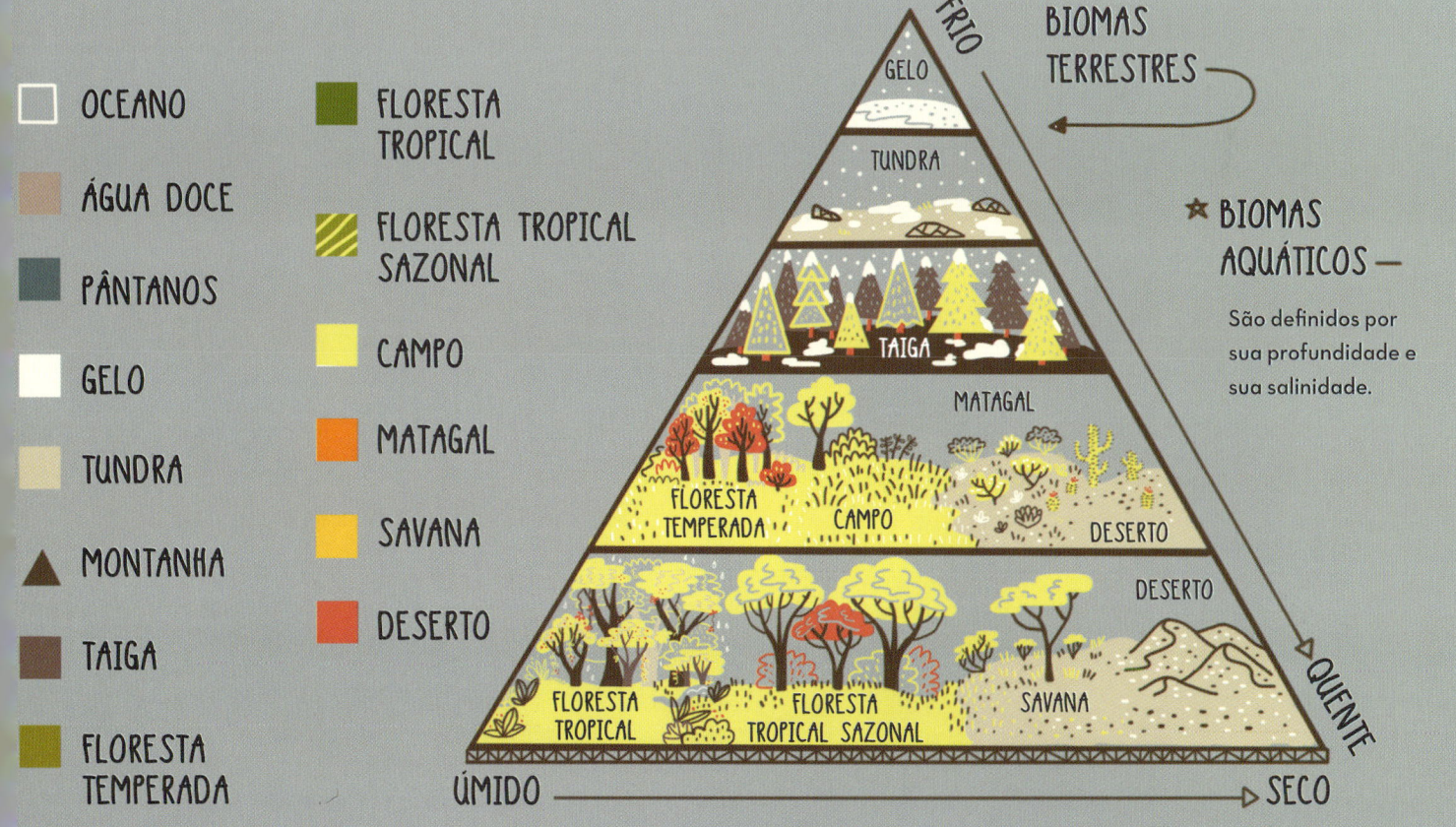

- ☐ OCEANO
- ☐ ÁGUA DOCE
- ☐ PÂNTANOS
- ☐ GELO
- ☐ TUNDRA
- ▲ MONTANHA
- ☐ TAIGA
- ☐ FLORESTA TEMPERADA
- ☐ FLORESTA TROPICAL
- ☐ FLORESTA TROPICAL SAZONAL
- ☐ CAMPO
- ☐ MATAGAL
- ☐ SAVANA
- ☐ DESERTO

FRIO

BIOMAS TERRESTRES

GELO
TUNDRA
TAIGA
MATAGAL
FLORESTA TEMPERADA
CAMPO
DESERTO
DESERTO
FLORESTA TROPICAL
FLORESTA TROPICAL SAZONAL
SAVANA

★ BIOMAS AQUÁTICOS —

São definidos por sua profundidade e sua salinidade.

ÚMIDO → SECO

QUENTE

NÍVEIS TRÓFICOS —

A posição de um organismo na teia alimentar e a distância a que ele está da fonte original de energia (o sol), começando com os produtores e tipicamente terminando com os superpredadores.

QUEM COME O QUÊ —

Os produtores fazem sua própria comida a partir da energia solar. Os herbívoros só comem plantas. Os carnívoros só comem outros animais. Os onívoros comem plantas e animais. Os decompositores comem dejetos e organismos mortos.

TEIA ALIMENTAR —

O mapeamento do fluxo de energia. Quem come o que e quem recebe energia de quem. As setas apontam para quem está fazendo uma boa refeição, que é a direção em que a energia está se movendo.

{ **TODA A ENERGIA PARA A VIDA COMEÇA NO SOL.** *

* ALGUNS SERES VIVOS MICROSCÓPICOS OBTÊM SUA ENERGIA DOS VENTOS TERMAIS.

PRODUTOR

CONSUMIDOR PRIMÁRIO

SUPERPREDADORES

TEMPO

CLIMA

PRODUTORES (PLANTAS)

ABIÓTICOS (SERES NÃO VIVOS)

ROCHAS

CONSUMIDOR TERCIÁRIO

ÁGUA

DECOMPOSITORES

CONSUMIDOR SECUNDÁRIO

SOLO

CONSUMIDOR PRIMÁRIO

O QUE É UM ECOSSISTEMA?

Nem mesmo um lobo solitário é "solitário". Todos os organismos neste planeta dependem uns dos outros para viver. Por meio da ecologia, o estudo dos ecossistemas, podemos começar a entender como dependemos do mundo natural. Os ecossistemas podem ter muitos tamanhos, desde uma grande floresta até uma pequena poça, e por meio do estudo dos ecossistemas começamos a entender como os organismos vivos de um certo lugar interagem uns com os outros (Quem come o quê? Quem vai competir com quem e por quais recursos?). Também podemos entender como esses seres vivos interagem com as partes não vivas de seu ambiente (como o solo, a temperatura, o ar e a água).

As interações entre a vida selvagem e seu ambiente nos oferecem importantes serviços naturais. Os ecossistemas grandes e pequenos são responsáveis por ar respirável, água fresca, proteção diante de desastres naturais, solo fértil e, é claro, alimento! Entendendo os ecossistemas, podemos ver como a energia do sol flui por toda a teia alimentar e como o ciclo de vida, morte e decomposição permite que os nutrientes sejam reutilizados. Apenas quando nossos ecossistemas estão intactos o mundo natural pode continuar o trabalho duro e ininterrupto de sustentar a vida no planeta Terra.

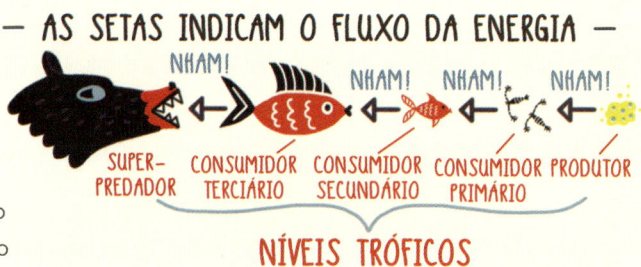

— AS SETAS INDICAM O FLUXO DA ENERGIA —

NHAM! NHAM! NHAM! NHAM!

SUPER-PREDADOR · CONSUMIDOR TERCIÁRIO · CONSUMIDOR SECUNDÁRIO · CONSUMIDOR PRIMÁRIO · PRODUTOR

NÍVEIS TRÓFICOS

O FLUXO DA ENERGIA

A matéria – que forma nosso corpo e tudo o mais – nunca pode ser destruída nem criada. Ela se recicla, se transforma e é constantemente reutilizada. A energia funciona de modo diferente. Nova energia solar flui constantemente para os ecossistemas de nosso planeta e então é usada e perdida para sempre sob a forma de calor. Os seres vivos não comem os outros apenas para obter os nutrientes vitais de que precisam para se fortalecer. Comer também tem a ver com conseguir energia. Quase toda a energia para a vida originalmente vem do sol. Plantas e algas (também chamados de produtores) podem transformar a luz do sol em açúcar por um processo chamado fotossíntese. O açúcar é uma forma de energia química que é armazenada. Durante o complicado processo de trabalho das células, a energia é liberada e perdida como calor. As plantas usam cerca de 90% da energia original armazenada que fabricam (Viver dá trabalho!). Só cerca de 10% da energia original da luz do sol permanece armazenada como açúcar. Quando uma planta é comida, sua energia armazenada como açúcar começa sua própria jornada pela teia alimentar.

Os produtores estão na base de uma teia alimentar e são os que mais armazenam energia. Conforme você sobe na teia alimentar – de produtores para consumidores primários e secundários, e assim por diante –, mais dessa energia original é usada e menos é passada adiante como percentual de massa alimentar. Isso significa que um superpredador, que está no topo da teia precisa comer muito mais que um consumidor primário para obter a mesma quantidade de energia.

PRECISO DE UM MONTE DE ESQUILOS E MAIS PLANTAS AINDA PARA ME ALIMENTAR!

10% DA ENERGIA PASSADOS PARA O PRÓXIMO NÍVEL TRÓFICO (100 KCAL)

90% DA ENERGIA USADOS E LIBERADOS

10% DA ENERGIA PASSADOS PARA O PRÓXIMO NÍVEL TRÓFICO (1.000 KCAL)

90% DA ENERGIA USADOS E LIBERADOS

DO SOL AO PRODUTOR (10.000 KCAL)

ENERGIA SOLAR

A QUANTIDADE DE ENERGIA DISPONÍVEL DIMINUI CONFORME ELA SE MOVIMENTA POR UM ECOSSISTEMA

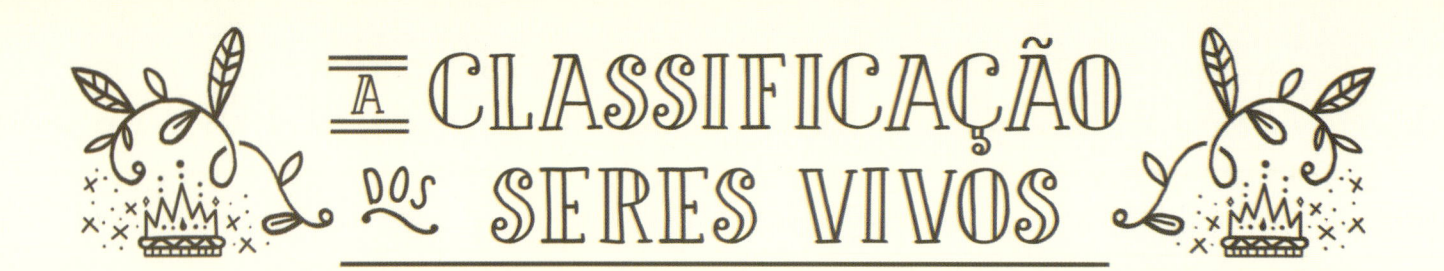

A CLASSIFICAÇÃO DOS SERES VIVOS

A hierarquização taxonômica ajuda os cientistas a classificar e a identificar as diferentes espécies. Os cientistas incluem todos os seres vivos que já existiram e que ainda existem na Terra, e isso nos permite ver como a vida na Terra evoluiu e o que as diferentes espécies têm em comum – mesmo que já estejam extintas há milhares de anos ou que vivam em lados opostos do mundo!

NÍVEIS DE CLASSIFICAÇÃO

DOMÍNIO (EUKARYA)

REINO (ANIMALIA)

FILO (CHORDATA)

CLASSE (MAMMALIA)

ORDEM (PERISSODACTYLA)

FAMÍLIA (EQUIDAE)

I'M EXTINCT

GÊNERO (EQUUS)

ESPÉCIE (ZEBRA)

OS PRINCIPAIS DOMÍNIOS

BACTÉRIA
ORGANISMOS UNICELULARES SEM NÚCLEO DEFINIDO

ARCHAEA
ORGANISMOS UNICELULARES SEM NÚCLEO DEFINIDO E COM BIOQUÍMICA DIFERENTE DE BACTÉRIAS

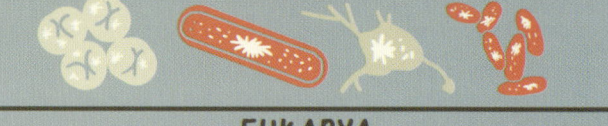

EUKARYA
ORGANISMOS QUE TÊM CÉLULAS COM UM NÚCLEO

ANIMALIA

PLANTAE

FUNGI

PROTISTA

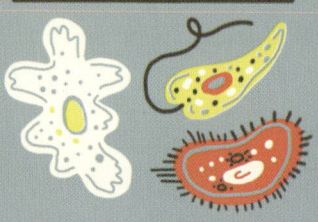

COMO OS SERES VIVOS INTERAGEM

Você pode ter visto um leão caçando uma zebra em um documentário de TV, mas essa é só uma das maneiras como os animais interagem entre si. Competir por alimento e recursos, encontrar um lugar para chamar de lar e se reproduzir são algumas das prioridades de todas as espécies. Para isso, animais, bactérias e plantas evoluíram para interagir de muitos modos diferentes a fim de sobreviver. Essas interações ajudam a manter um ecossistema equilibrado e saudável.

OPA!

DELÍCIA!

PREDAÇÃO
UMA ESPÉCIE COME A OUTRA.

É MEU.

É MEU!

PARASITISMO
UMA ESPÉCIE GANHA AO PREJUDICAR A OUTRA ESPÉCIE.

DELÍCIA!

AI!

ISSO! ESPALHE MEU PÓLEN!

MUTUALISMO
DUAS ESPÉCIES GANHAM ALGUMA COISA UMA DA OUTRA.

COMENSALISMO
UMA ESPÉCIE GANHA E A OUTRA ESPÉCIE NÃO É AFETADA.

COMPETIÇÃO INTERESPÉCIES
ESPÉCIES DIFERENTES COMPETEM PELOS MESMOS RECURSOS.

CARONA DE GRAÇA!

COMPETIÇÃO INTRAESPÉCIE
A MESMA ESPÉCIE COMPETE PELOS MESMOS RECURSOS.

DIVISÃO DE RECURSOS
DUAS ESPÉCIES COMPETEM INDIRETAMENTE PELOS MESMOS RECURSOS, DESENVOLVENDO NICHOS OU COMPORTAMENTOS DIFERENTES.

O QUE TORNA UM ECOSSISTEMA SAUDÁVEL

Inundações! Tornados! Incêndios! Doenças! Em qualquer ecossistema, os animais e as plantas têm de lidar com muitos desafios. Um ecossistema saudável e intacto é adaptável e pode ser recuperar de terríveis desastres naturais, mudanças e desafios.

BIODIVERSIDADE

Um ecossistema biodiverso contém muitos tipos de animais, plantas e outros seres vivos. A biodiversidade é o fator mais importante para um ecossistema forte e saudável. Quando um ecossistema é biodiverso, a vida selvagem tem mais oportunidades de conseguir comida e abrigo. A biodiversidade também significa uma teia alimentar mais complexa e mais "caminhos" para que a matéria cumpra seu ciclo, se decomponha e crie a camada superficial do solo para que novas plantas cresçam.

Espécies diferentes reagem de modo diferente a mudanças em seu ambiente. Por exemplo, imagine uma floresta formada apenas por um tipo de planta, que é a única fonte de alimento e hábitat para toda a teia alimentar. De repente, há uma seca inesperada, e essa planta morre. Os animais que a comem perdem totalmente sua fonte de alimento e morrem, e o mesmo ocorre com os animais que os comiam. Mas, quando existe biodiversidade, os efeitos de uma mudança repentina não são tão dramáticos. Espécies diferentes de plantas respondem de modo diferente à seca, e muitas podem sobreviver a uma estação seca. Muitos animais têm uma variedade de fontes de alimentos e não dependem só de uma planta. Agora o ecossistema da nossa floresta não está mais condenado!

Mudanças, distúrbios ou até mesmo desastres naturais são inevitáveis. Algumas desordens afetam profundamente um ecossistema e podem diminuir ou extinguir uma espécie de micróbio, planta ou animal. Mas um ecossistema com biodiversidade intacta tem muitas outras espécies que podem sobreviver, permitindo que ele se recupere. Quanto menos biodiversidade, mais fraco é um ecossistema.

NICHO

O papel de um ser vivo em um ecossistema - qual é seu hábitat e como ele consegue comida, se reproduz e interage com os outros - é o nicho dele. Se duas espécies diferentes têm o mesmo nicho, elas estão em competição direta. Como em qualquer competição, apenas uma pode dominar, e a espécie perdedora será extinta se não mudar ou se adaptar.

ESPÉCIES-CHAVE

Alguns ecossistemas têm um tipo de animal ou planta do qual quase toda a comunidade depende direta ou indiretamente. Se a população de uma espécie-chave é reduzida ou comprometida, isso pode significar o fim de todo o ecossistema. É importante identificar e proteger essas importantes espécies-chave.

EQUILÍBRIO ENTRE ESPÉCIES

O que aconteceria se houvesse mais lobos que coelhos na floresta? Os lobos comeriam todos os coelhos antes do nascimento da próxima geração. O equilíbrio de espécies entre predador e presa impede que isso aconteça. Se qualquer ser vivo mais acima na cadeia alimentar tiver uma população maior que sua fonte de alimento, uma espécie inteira poderá ser comida até a extinção. Medindo as populações das espécies, os ecologistas podem garantir que um ecossistema esteja equilibrado e intacto.

Animais no mesmo nível trófico também precisam ter equilíbrio de espécies entre si. Se houver coelhos demais em um ecossistema, poderá não haver grama suficiente para outra espécie consumidora primária. Além disso, se uma doença (como a febre dos coelhos) acontecer e só houver uma espécie (coelhos, neste caso) em um nível trófico, então todos os predadores maiores morrerão por falta de outra fonte de alimento. Entender as populações das espécies permite que as pessoas cacem de maneiras que realmente beneficiem um ecossistema. O equlíbrio entre espécies é crucial para manter a biodiversidade.

Se houver muitos fatores limitantes em um ecossistema – como predadores, falta de recursos, clima ruim ou doença –, então a população será totalmente extinta. Se não houver fatores limitantes suficientes e a vida for fácil demais para uma espécie, então a população se expandirá e sairá do controle. Isso pode levar uma espécie a competir com todos os seres vivos até que a biodiversidade da região seja destruída e os recursos se tornem escassos ou até extintos.

BORDAS

As bordas de um ecossistema são tão importantes quanto suas áreas centrais. A área em que dois biomas ou ecossistemas distintamente diferentes se misturam é chamada de "ecótono".

Você pode ter visto um ecótono onde uma floresta se mistura a um campo ou a margem de um rio separa a água da terra. Esses ecótonos misturam dois biomas, mas também atuam como uma borda, repelindo e atraindo diferentes tipos de animais. Os ecótonos protegem o continente da erosão e os ecossistemas centrais das espécies invasivas, e dão recursos únicos a certos animais. Muitas vezes, os ecótonos são os lugares perfeitos para se esconder, reproduzir ou proteger os filhotes antes de estarem totalmente amadurecidos e entrarem em seu hábitat principal.

Alguns animais e plantas evoluíram para viver apenas em ecótonos ou muito perto deles. Eles são chamados de "espécies de borda". As outras espécies que só podem viver no centro de um ecossistema dependem da borda como um limite. Todos os ecossistemas centrais estão rodeados por algum tipo de ecótono ou região de borda. Quando as pessoas constroem estradas ou prédios sem considerar as bordas cruciais dos ecossistemas, podem reduzir e prejudicar a vida silvestre central mais que o pretendido.

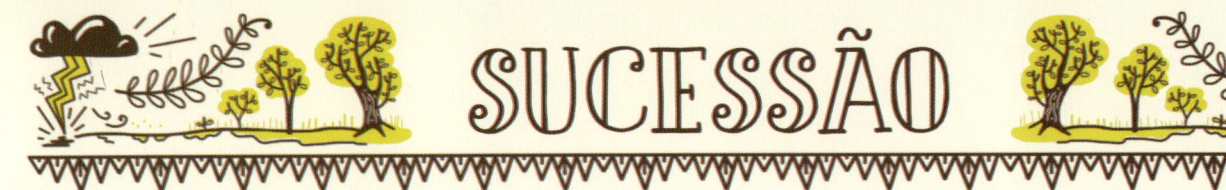

SUCESSÃO

A mudança pode ser boa! Desde o tempo em que a vida começou na Terra, aconteceram muitas alterações. A Terra já teve muitas eras com espécies dominantes diferentes. Da extinção em massa dos dinossauros à construção de cidades enormes, a vida encontra uma maneira de se adaptar até às mudanças mais dramáticas. A sucessão primária é o modo como as plantas colonizam e criam solo a partir de terras estéreis; a sucessão secundária é o modo como os ecossistemas se adaptam a perturbações pequenas e médias em seu ambiente.

Pequenas perturbações naturais podem até criar ecossistemas mais fortes e resilientes. Por exemplo, um incêndio pequeno ou médio destrói uma parte da floresta. A área queimada se transforma em um novo microclima para outras plantas menores. Novas gramíneas, flores silvestres e arbustos vão crescer na área, criando novos tipos de hábitats. Isso permite o aumento da biodiversidade (a variedade da vida selvagem) em toda a floresta, o que torna o ecossistema mais resiliente. Alguns ecossistemas até evoluíram para depender desses tipos de perturbações intermediárias, como incêndios, inundações ou congelamento sazonal.

Grandes ou pequenas, as perturbações são inevitáveis para todos os ecossistemas. Elas podem ser tão pequenas quanto um caminhão estacionado em um gramado ou tão destrutivas quanto o evento de extinção vulcânico do Permiano-Triássico, que matou mais de 70% da vida na Terra há cerca de 250 milhões de anos. Pelo que sabemos, a vida sempre se recuperou dessas perturbações – a única diferença é o tempo que leva para se recuperar. Quanto maior a perturbação, mais tempo demora para que a vida retorne. Algumas vezes, a recuperação pode levar milhões de anos.

A expansão da população humana tem sido difícil para nosso planeta, e o aumento da poluição e o crescimento das cidades estão transformando a Terra de maneiras que estão provocando a extinção de espécies de animais e plantas em ritmo acelerado. Alguns cientistas acham que essa transformação humana da terra será o próximo grande evento de nível de extinção para muitas espécies. Compartilhamos o planeta com a vida selvagem e, conforme a humanidade continua a crescer, precisamos ter consciência das perturbações que impomos às outras espécies.

SUCESSÃO PRIMÁRIA

ESPÉCIES PIONEIRAS POVOAM UM LUGAR SEM VIDA E TRANSFORMAM O SOLO OU A ÁGUA EM UM LUGAR QUE PODE SUSTENTAR A VIDA.

EU POSSO VIVER EM QUASE QUALQUER LUGAR

ESPORO

— TERRA ESTÉRIL —

Um vulcão explode, um meteoro cai ou a terra é pavimentada. Agora existe um ambiente sem vida. Esta pode retornar rapidamente ou levar centenas de milhões de anos.

— ESPÉCIES PIONEIRAS —

Um clima com chuva normaliza a terra. O vento traz bactérias e plantas microscópicas resistentes, e esporos como os de líquen, musgo e algas. Eles vivem e morrem, e, com o tempo, o solo começa a se formar.

— SOLO FÉRTIL —

As rochas estéreis são quebradas pelo tempo, e o ciclo de vida dessas espécies pioneiras começa a criar solo fértil, onde pequenas plantas podem começar a crescer.

SUCESSÃO SECUNDÁRIA

ISSO ACONTECE DEPOIS DA SUCESSÃO PRIMÁRIA, MAS TAMBÉM ACONTECE CONSTANTEMENTE EM RESPOSTA A PERTURBAÇÕES QUE NÃO DESTROEM COMPLETAMENTE A TERRA.

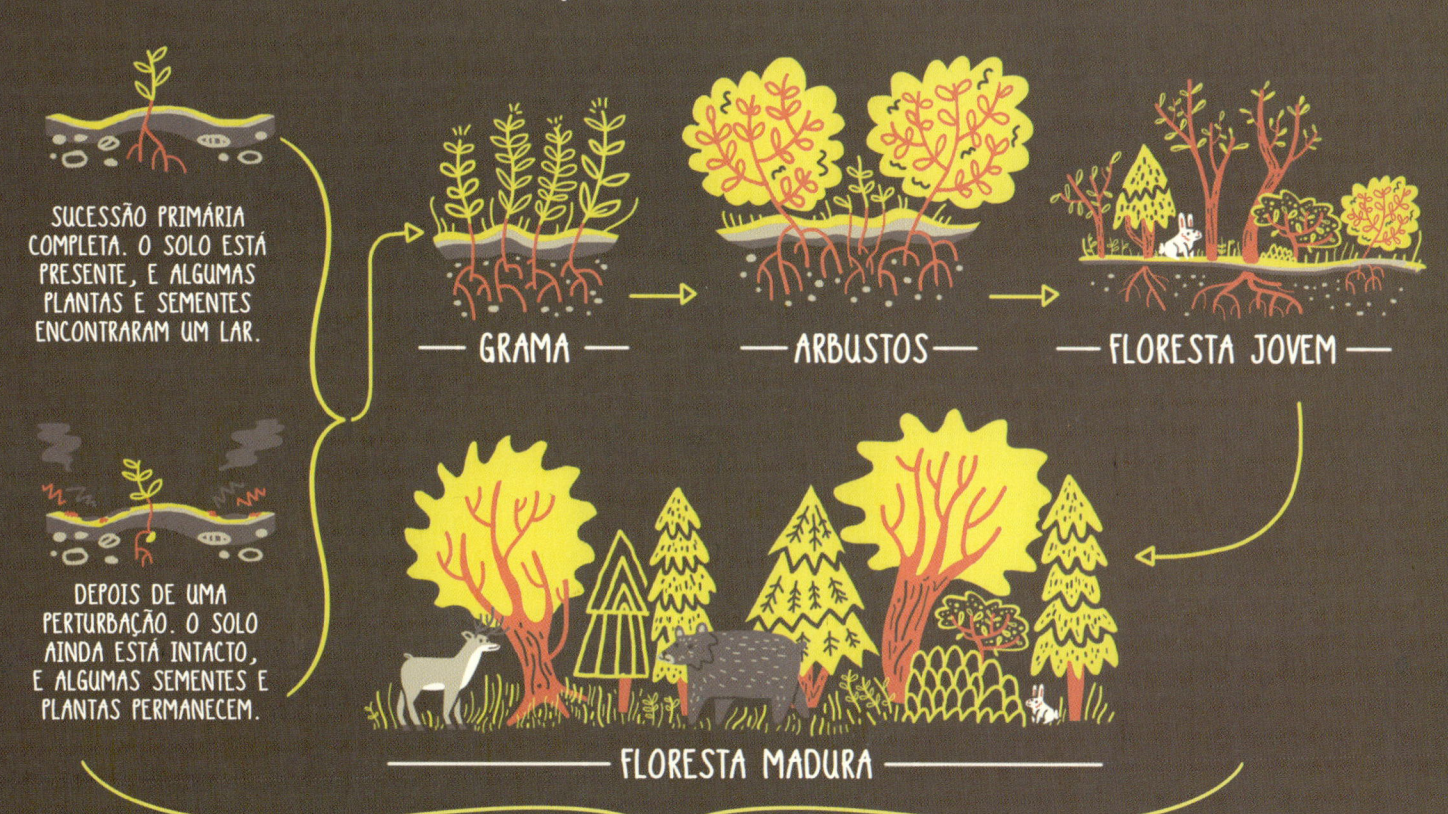

SUCESSÃO PRIMÁRIA COMPLETA. O SOLO ESTÁ PRESENTE, E ALGUMAS PLANTAS E SEMENTES ENCONTRARAM UM LAR.

DEPOIS DE UMA PERTURBAÇÃO. O SOLO AINDA ESTÁ INTACTO, E ALGUMAS SEMENTES E PLANTAS PERMANECEM.

— GRAMA —

— ARBUSTOS —

— FLORESTA JOVEM —

— FLORESTA MADURA —

EXEMPLO DE FLORESTA

MICROECOSSISTEMAS

Examinando ecossistemas de todos os tamanhos, podemos entender melhor como nosso mundo natural funciona. Os grandes ecossistemas geralmente são formados por muitas comunidades menores que podem ser encontradas em lugares como troncos apodrecidos, poças ou até na pegada de um elefante! As criaturas vivas e as partes não vivas dos microecossistemas proporcionam recursos importantes para a vida selvagem de maior porte. Por exemplo, um lago, que é um ecossistema fechado, também fornece água potável e alimento a animais que são parte de uma floresta maior. Os ecossistemas pequenos tornam os maiores mais estáveis, criando mais recursos e mais biodiversidade. Aqui estão dois exemplos de microecossistemas.

UM LAGO

JUNCO

LIBÉLULA

MOSQUITO

PATO

MOSCA

NENÚFAR

PRODUTORES

ALGAS E FITOPLÂNCTON

OVOS DE SAPO

GIRINOS

SAPO

SALAMANDRA

ZOOPLÂNCTON

CARACOL DA LAGOA

VAIRÃO

ERVA AQUÁTICA

BESOURO-DE-ÁGUA

SANGUESSUGA

ECOSSISTEMAS MICROSCÓPICOS

Os cientistas estimam que existam mais de um trilhão de espécies de micróbios na Terra. Olhe uma gota de água em um microscópio e você verá todo um mundo vibrando com vida. Os micróbios estão por todo lado, flutuando à nossa volta; na nossa pele, na nossa comida e na poeira dos nossos sapatos; e também no ar que respiramos. Mas não fique com nojo: precisamos dos micróbios mais do que eles precisam de nós. Dependemos dessas criaturas minúsculas para sustentar toda a vida na Terra, desde criar o ar que respiramos até a comida que ingerimos.

As plantas microscópicas, chamadas de fitoplâncton, são a base da teia alimentar marítima: toda a vida nos oceanos depende delas. Por sua vez, as plantas no oceano geram mais da metade de todo o oxigênio na Terra (o resto vem das plantas terrestres). Como se isso não bastasse, os micróbios também são decompositores importantes, que transformam plantas e animais mortos em solo fértil. Nesse novo solo crescem novas plantas, que, por sua vez, sustentam a vida animal e humana. Os micróbios e as bactérias são cruciais para o ciclo de nutrientes vitais como carbono, nitrogênio e fósforo por todo o ecossistema global. Sem esses micróbios, não haveria vida na Terra!

As bactérias e outros micróbios costumam ser o primeiro tipo de vida a colonizar áreas inóspitas, transformando terras estéreis e esgotadas em ecossistemas exuberantes que podem sustentar mais vida. Os ecologistas podem usar seu conhecimento da ecologia dos microrganismos para ajudar a revitalizar áreas aparentemente estéreis. Pode parecer que os microrganismos estão em um mundo próprio, mas o nosso mundo não existiria sem eles.

UMA GOTA DE ÁGUA

A BALEIA-CINZENTA MIGRA DAS LAGOAS QUENTES DO MÉXICO PARA O CÍRCULO ÁRTICO TODOS OS ANOS.

GROENLÂNDIA

O LAGO SUPERIOR É O MAIOR LAGO DE ÁGUA DOCE DA TERRA.

ESTADOS UNIDOS

CORDILHEIRA DO ALASCA

MONTES MACKENZIE

MONTANHAS COSTEIRAS

CANADÁ

ÁGUA

PÂNTANO

GELO

TUNDRA

TAIGA

FLORESTA TROPICAL

FLORESTA TEMPERADA

CAMPO

MATAGAL

DESERTO

MONTANHA

SERRA NEVADA

MONTANHAS ROCHOSAS

ESTADOS UNIDOS

MONTES APALACHES

MÉXICO

SIERRA MADRE

BAHAMAS

REPÚBLICA DOMINICANA

CUBA

PORTO RICO

JAMAICA

HAITI

BELIZE

HONDURAS

GUATEMALA

NICARÁGUA

EL SALVADOR

PANAMÁ

COSTA RICA

CHINAMPA (JARDINS FLUTUANTES) É UM MÉTODO ASTECA DE CULTIVO SUSTENTÁVEL, AINDA USADO EM PARTES DO MÉXICO.

AMÉRICAS DO NORTE E CENTRAL

O continente americano foi chamado de "Novo Mundo", e sua história e seu legado moldaram o caminho da história humana.

As primeiras pessoas a viverem na América do Norte eram asiáticas, de 10 mil a 20 mil anos atrás. Muitos arqueólogos encontraram evidências de que uma grande tribo nômade viajou a pé por uma antiga ponte de terra que não existe mais e ligava a Sibéria à América do Norte. No decorrer de milhares de anos e muitas gerações, uma população de pessoas se espalhou da ponta do Círculo Ártico até a América do Sul, criando muitos países, culturas e tribos diferentes ao longo do caminho. Um dia numerosas, hoje só algumas dessas comunidades indígenas ainda existem. Nos anos 1500, houve uma onda de exploração vinda do continente europeu, liderada por Portugal e Espanha. Na verdade, o nome "América" veio do explorador italiano Américo Vespúcio, que participou da primeira onda de exploração europeia. Essa nova "descoberta" para a Europa foi seguida pela conquista e colonização das Américas e pela opressão violenta de seus povos indígenas. Com esses invasores humanos também vieram novas espécies de bactérias, animais e plantas, que transformaram e, em muitos casos, destruíram alguns ecossistemas. Os efeitos negativos da colonização ainda hoje são sentidos pelas comunidades indígenas que sobreviveram.

O Novo Mundo oferecia oportunidades aos colonizadores europeus além do sistema estrito de classes do "Velho Mundo". Com eles vieram não só espécies invasivas, mas também mudanças drásticas nos tipos de produção agrícola da terra. Dos anos 1700 até os dias de hoje, ondas de imigrantes foram para a América do Norte em busca de oportunidade, levando consigo plantas e animais de seus antigos lares. Embora a introdução de nova vida selvagem possa causar muitos danos e desequilíbrio a um ecossistema, algumas vezes a entrada de uma nova espécie pode resolver grandes problemas. Por exemplo, cavalos e trigo foram levados da Europa e da Ásia para as Américas. Esses animais e plantas foram usados para transporte e agricultura e se tornaram parte integral de paisagens, culturas e economias de diversas regiões da América do Norte, que continua a ser um lar para novos imigrantes de todo o mundo e se transformou em uma bela fusão de culturas.

FLORESTA DE SEQUOIAS

Na floresta mais alta do mundo, as árvores do tamanho de arranha-céus são envoltas por um denso nevoeiro perto do oceano. Na floresta de sequoias, a *Sequoia sempervirens* pode chegar a 90 m de altura e viver mais de 2 mil anos. Elas são parentes das árvores que viveram durante o período Jurássico, há 160 milhões de anos. Como o escritor John Steinbeck escreveu, "[Sequoias] não são como nenhuma árvore que conhecemos; são embaixadoras de outra época".

As sequoias são uma das espécies mais resilientes da Terra. Seu tronco contém tanta água que pode sobreviver a um incêndio. Isso é muito útil porque incêndios moderados ajudam outros tipos de árvores – como abetos, coníferas e cicutas – a competir e crescer. Na floresta de sequoias, pequenos incêndios ajudam a manter a biodiversidade e evitam que incêndios grandes e catastróficos aconteçam depois.

Embora as sequoias sejam muito resilientes, elas só podem sobreviver em um ambiente frio e úmido muito específico. Elas crescem ao longo de uma estreita faixa de terra na costa do Pacífico na América do Norte, onde o oceano cria chuvas e nevoeiro. Chuva abundante causa inundações que tiram os nutrientes do solo. No chão da floresta, insetos e decompositores como fungos e musgos revitalizam o solo ao decompor as árvores queimadas e plantas e animais mortos. Assim, este ecossistema trabalha duro criando novo solo na superfície, e os resultados são ótimos. O manejo de incêndio, o cuidado e a proteção do sistema de parques nacionais dos Estados Unidos permitem que os visitantes continuem a desfrutar essas florestas antigas.

O volume da **sequoia-vermelha** mais alta de que se tem notícia é de 1.104 m³ (equivalente a 111,4 milhões de lápis).

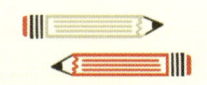

As sequoias têm **brotações basais**, crescimentos nodosos repletos de sementes. Quando o tronco principal de uma árvore é danificado, essas sementes dormentes começam a brotar uma nova árvore.

No final dos anos 1800 – início dos anos 1900, foram escavados túneis em algumas sequoias-vermelhas e sequoias-gigantes (uma espécie do interior do continente) para que os turistas pudessem passar pelo meio delas! Algumas dessas **"árvores-túnel"** ainda existem, mas cortar o meio de uma sequoia sempre resulta em sua morte.

Você pode ver **focas, leões-marinhos, golfinhos** e **baleias** no litoral da floresta de sequoias.

Os **nativos havaianos** usavam troncos de sequoias caídas que vinham à deriva da costa da Califórnia para fazer canoas com 30 m de comprimento.

SEQUOIA COSTEIRA 115 M
BIG BEN 96 M
SEQUOIA-GIGANTE 84 M
ABETO DE DOUGLAS 76,2 M
MACIEIRA 6 M
SER HUMANO 1,52 M

MAIORES BENEFÍCIOS

No mundo inteiro, as florestas densas **absorvem carbono** da atmosfera e **produzem oxigênio**. Mas as florestas de sequoias absorvem carbono a um ritmo heroico. As grandes sequoias crescem depressa e armazenam até **três vezes mais carbono** em seus troncos que a maioria dos outros tipos de árvores. Com o aumento da poluição pelo dióxido de carbono de carros e fábricas, é mais importante que nunca preservar as sequoias.

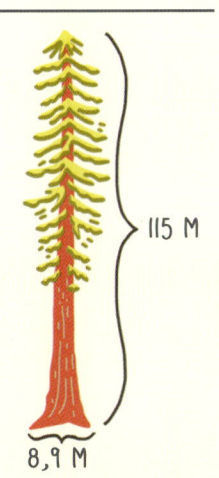

115 M

8,9 M

MAIOR AMEAÇA

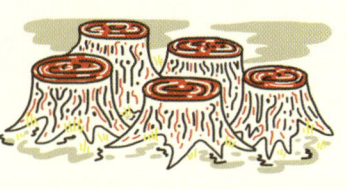

Embora a maior parte da floresta de sequoias seja protegida, ela ainda é ameaçada por **práticas nocivas de extração de madeira** e **invasão pelo crescimento urbano**. Os ecossistemas de borda atuam como bacias hidrográficas e protegem a floresta de inundações extremas. Quando as árvores são removidas e os ecossistemas ao redor são perturbados, isso pode prejudicar toda a floresta. Os ecologistas estão trabalhando para restaurar partes afetadas das florestas de sequoias sem interferir nas perturbações naturais, como pequenos incêndios, que são boas para elas.

AVE MIGRATÓRIA
GROU-CANADENSE

BISÃO-AMERICANO

AUUUUUU

COIOTE

ANTILOCAPRA

GRAMA

COTOVIA OCIDENTAL

CÃO-DA-PRADARIA DE RABO PRETO

PRODUTORES

PULGÃO

CORUJA-BURAQUEIRA

ARANHA-LOBO

GRAMA DE BÚFALO

GRAMA BLUESTEM GRANDE

GRAMA

FLOR-DE-CONE

GAFANHOTO

FUNGOS MICRÓBIOS

DECOMPOSITORES

NINHO ROUBADO DO CÃO-DA-PRADARIA

OVOS DE CORUJA

VERME

GRANDES PLANÍCIES DO NORTE

A apreciação e o respeito do presidente norte-americano Theodore Roosevelt pelo mundo natural levaram à criação do Sistema de Parques Nacionais dos Estados Unidos. As Grandes Planícies podem parecer só uma tranquila área de pradaria, mas são na verdade um território selvagem repleto de vida. Cobras, esquilos e insetos lutam na vegetação baixa enquanto as aves se elevam acima. As gramíneas nativas são a base de um ecossistema que tem alguns dos solos mais ricos em nutrientes do mundo. Essas planícies costumavam sustentar grandes manadas de bisões e alces, com uma abundância de vida selvagem que rivalizava com a da savana africana (ver p. 65), mas muitas coisas mudaram nos últimos 200 anos.

Conforme as populações humanas aumentavam nos anos 1800, elas passaram a usar as férteis Grandes Planícies para agricultura, criação de gado e caça. Com qualquer recurso rico geralmente vêm o seu abuso e a sua destruição. Práticas agrícolas nocivas combinadas com a seca provocaram o devastador Dust Bowl, uma tempestade de areia, dos anos 1930. Quando essa seca de uma década acabou, foi preciso uma intervenção drástica para que o solo se recuperasse. Grande parte das Grandes Planícies ainda é usada para cultivo. Os ciclos de vida naturais das gramíneas nativas criam um solo rico, e suas longas raízes armazenam umidade para evitar as secas. Quando os fazendeiros preservam essas gramíneas nativas, podem usar seus benefícios naturais para ajudar a evitar que outro Dust Bowl aconteça.

A **antilocapra** das Grandes Planícies é o animal mais rápido da América do Norte e pode atingir velocidades de até 88 km por hora.

É um dos maiores **parques eólicos** do mundo.

Nos anos 1890, os **60 milhões de bisões** que viviam nas pradarias quase foram levados à extinção pela caça desenfreada. Felizmente, a partir dos cerca de 1.000 sobreviventes, os conservacionistas conseguiram trazê-los de volta, e hoje 1 milhão de bisões ainda vagam pelas planícies.

O **tetraz-cauda-de-faisão** é conhecido por suas dramáticas exibições de corte. Uma grande população desse animal indica que todo o ecossistema está intacto e saudável.

DANÇO POR AMOR!

Três milhões e meio de hectares das planícies norte-americanas são administrados por **tribos nativas**, muitas das quais estão ajudando a restaurar a terra por meio de suas iniciativas ecológicas.

MAIORES BENEFÍCIOS

As longas raízes das gramíneas nativas das Grandes Planícies podem absorver até **20 cm de chuva**! Isso evita inundações durante as estações chuvosas. A água armazenada nessas raízes mantém o solo úmido durante as estações secas. Os ciclos de vida das espécies de gramínea nativa criam um solo rico em nutrientes perfeito para sustentar a lavoura e a criação de animais. Quando os fazendeiros mantêm essas gramíneas como parte dos campos cultivados, eles usam menos água e fertilizantes químicos em suas lavouras.

RAÍZES IMERSAS NA ÁGUA

SOLO RICO EM NUTRIENTES

MAIOR AMEAÇA

Apesar do desejo do presidente Roosevelt de preservar a natureza, as Grandes Planícies constituem um dos **ecossistemas menos protegidos da Terra**. As planícies têm sido cada vez mais usadas para a monocultura (cultivo de só um tipo de planta) não sustentável em grande escala, que destrói a biodiversidade. Construções mal planejadas nas planícies ameaçam as rotas de migração e os hábitats da vida selvagem. Fazendeiros sustentáveis, rancheiros, conservacionistas e tribos nativas estão fazendo o que podem para preservar os ecossistemas em suas terras, **expandindo as áreas protegidas** e **restaurando** o pouco que sobrou dos campos nativos.

PÂNTANOS DE MANGUE DA FLÓRIDA

Os visitantes de uma floresta de mangue muitas vezes têm de navegar por um denso labirinto de raízes e galhos de árvores de mangue emaranhados. Estes podem parecer uma grande confusão, mas são eles que tornam esse ecossistema tão próspero e importante.

Os mangues são encontrados nas regiões tropicais do mundo inteiro. Eles são tipos singulares de arbustos e árvores que crescem na água costeira salobra e são capazes de filtrar o sal para produzir sua própria água doce. Proporcionam hábitats para numerosos animais, e seus sistemas de raízes densas atuam como uma barreira física que protege a terra da costa da Flórida de erosão e tempestades.

Como se tudo isso não bastasse, suas folhas também são a base para toda a teia alimentar do ecossistema, o que faz deles uma espécie-chave. As bactérias e os crustáceos recém-nascidos quebram as folhas que flutuam na água e atraem grandes animais, aves e (é claro) grandes predadores. Os pelicanos brancos e as garças pousam nos galhos do mangue, enquanto aligátores e crocodilos flutuam abaixo, mantendo-se totalmente imóveis até que a próxima refeição passe por perto. Esse ecossistema realmente mostra como um tipo de planta pode transformar um litoral inteiro!

As folhas do mangue têm **sabor salgado** porque "suam" parte do sal que as árvores absorvem da água.

EU SOU SALGADA!

O sul da Flórida é o único lugar da Terra em que **crocodilos** e **aligátores** vivem na mesma área.

As **iguanas** não são nativas da Flórida, mas podem ser encontradas nos galhos acima de todo o pântano de mangue.

AGORA ESTA É A MINHA CASA!

Os mangues têm, nas raízes, tubos respiratórios especiais chamados **lenticelas**; eles permitem que as árvores respirem embaixo d'água durante a maré alta. Embora as plantas "exalem" oxigênio, elas também precisam consumir um pouco para a respiração celular.

MANGUE-VERMELHO — MARÉ ALTA — MARÉ BAIXA — MANGUE-NEGRO — MANGUE-BRANCO — SICÓMORO AMERICANO — ILHA MÓVEL →

MAIORES BENEFÍCIOS

As florestas de mangue **protegem a terra costeira da erosão** e das tempestades e são um hábitat importante para **espécies marinhas** e de **zonas entremarés**, entre elas espécies em grave risco de extinção, como o **peixe-boi-marinho da Flórida**, **o crocodilo-americano** e o **veado-de-cauda-branca das Keys**. A floresta de mangue age como um berçário para muitos animais marinhos antes que eles estejam maduros o suficiente para nadar no oceano – as raízes protegem os ovos e os jovens peixes e crustáceos dos predadores. Isso as torna um recurso vital para a pesca comercial no Golfo do México.

VEADO-DE-CAUDA-BRANCA DAS KEYS

PEIXE-BOI-MARINHO

MAIOR AMEAÇA

Quase metade das florestas de mangue em todo o mundo foi destruída desde os anos 1950 para extração de lenha ou para abrir espaço para construções.
Os mangues são agora uma espécie protegida na **Flórida**, mas estão sob ameaça contínua no **México**, na **América do Sul** e na **Ásia**. A perda dessas florestas diminui a população de importantes animais aquáticos que são parte da teia alimentar oceânica mais ampla. Grupos internacionais de preservação estão trabalhando para proteger o que sobrou desses importantes ecossistemas.

ESTOU PROTEGIDO.

MANGUE DA FLÓRIDA

O deserto do Mojave, no sudoeste dos Estados Unidos, já foi uma área com muitos lagos antigos e leitos de rios, que depois secaram. Há muito tempo esses rios e lagos escavaram o que agora são os vales mais profundos da América do Norte, bem ao lado de montanhas com picos nevados. Eles também deixaram reservatórios subterrâneos ocultos de água e minerais ricos que podem ser encontrados em todo o deserto.

Durante a estação chuvosa, o Mojave exibe uma variedade limitada de vida vegetal, com cactos, arbustos e flores coloridas. Mas, no verão, você pode entender por que os colonos europeus o chamaram de "terra que Deus esqueceu". Lá se encontra o local mais quente e mais seco da Terra: o Vale da Morte, na Califórnia. Ali, as temperaturas costumam chegar a 49 °C (quente o bastante para derreter os tênis nos seus pés!) e ostentam o recorde mundial de temperatura, com 57 °C!

Como alguma coisa pode sobreviver a tanto calor? A vida depende da água, e as plantas e os animais do deserto se adaptaram para sobreviver com as ocasionais chuvas de inverno e os aquíferos subterrâneos. Alguns poucos animais, como o rato do deserto, não bebem água e conseguem toda a sua hidratação das folhas e sementes que comem. Já outros animais evitam o sol quente, saindo apenas à noite de suas tocas, como o coiote ou a lebre. Embora a vida no deserto possa ser difícil, as elevações únicas e fontes de água ocultas do Mojave tornam possível abrigar algumas das mais belas vida selvagem e paisagens do mundo.

A Bacia de Badwater, no Vale da Morte, é o ponto mais baixo da América do Norte, 86 m abaixo do nível do mar. As diferenças extremas de altitude no Mojave criam um contraste dramático, com montanhas nevadas rodeando a bacia.

As montanhas que cercam o Mojave impedem quase toda a chuva de chegar ao deserto. Os cientistas chamam isso de **"deserto de sombra de chuva"**.

No ecótono do deserto de Mojave e da Grande Bacia encontra-se o peixe mais raro do mundo. O **pupídeo** *Cyprinodon diabolis* só é encontrado em **Devils Hole**, um aquífero tão profundo que terremotos do outro lado do mundo provocam agitação na água.

O **jabuti do deserto** armazena água em sua bexiga durante a estação chuvosa e a usa para sobreviver nos períodos secos do ano. (É como um camelo, porém mais lento!)

As chamadas **rochas deslizantes** são encontradas em algumas partes do Mojave. Elas deixam trilhas na superfície plana de leitos secos de lagos, parecendo ter se movido sozinhas. Em determinadas condições, finas camadas de gelo se quebram e são sopradas pelo vento, empurrando as rochas nos leitos de argila dos lagos.

ESTOU DESLIZANDO!

VIVA!

MAIORES BENEFÍCIOS

O clima geralmente ensolarado e sem nuvens do deserto de Mojave e sua altitude o tornaram perfeito para uma das maiores **áreas produtoras de energia solar** do mundo. Seus leitos de lagos antigos são uma rica fonte de minerais como **sal**, **cobre**, **prata** e **ouro**, que foram extraídos ao longo do tempo. Os lagos também deixaram um **suprimento subterrâneo de água** que é uma das fontes de abastecimento para as comunidades e cidades próximas.

TRANSFORMA A LUZ DO SOL EM ENERGIA, COMO UMA PLANTA.

MAIOR AMEAÇA

Quando uma área tem um recurso natural valioso, mesmo que este seja tão limitado como água no deserto, existe a ameaça de que as pessoas abusem dele. As cidades próximas têm **drenado os aquíferos** do Mojave, privando da água a vida selvagem e fazendo com que o solo do deserto afunde lentamente. Cada vez mais o deserto também está sendo usado como um **espaço de aterro de lixo**. Para ajudar a preservá-lo, precisamos dar mais atenção ao modo como usamos a água em nossas cidades e pensar sobre o que jogamos fora em nossa vida cotidiana.

O SALTO ÁNGEL, NA VENEZUELA, É A CATARATA MAIS ALTA DO MUNDO!

A MAIOR PARTE DO CAFÉ DO MUNDO VEM DO BRASIL!

O EQUADOR É O PRIMEIRO PAÍS A CONCEDER DIREITOS À NATUREZA EM SUA CONSTITUIÇÃO. ISSO SIGNIFICA QUE OS ADVOGADOS PODEM DEFENDER O "DIREITO DE EXISTIR, PERSISTIR, MANTER E REGENERAR SEUS CICLOS VITAIS" DOS ECOSSISTEMAS.

Legenda:

- ÁGUA
- PÂNTANO
- FLORESTA TROPICAL
- SAVANA
- CAMPO
- CAPOEIRA TROPICAL
- DESERTO
- MONTANHA
- FLORESTA TROPICAL SAZONAL

Países e regiões:

VENEZUELA · GUIANA · SURINAME · GUIANA FRANCESA · COLÔMBIA · EQUADOR · PERU · CORDILHEIRA DOS ANDES · BRASIL · BOLÍVIA · CHILE · PARAGUAI · ARGENTINA · URUGUAI · ILHAS FALKLAND (ILHAS MALVINAS)

AMÉRICA DO SUL

O deserto mais seco e a maior floresta tropical do mundo podem ser encontrados no mesmo continente: América do Sul. Essa massa de terra é definida por sua espinha dorsal, os Andes, a mais longa cordilheira do mundo!

Os glaciares no alto dos Andes fornecem água para a poderosa bacia amazônica e suas centenas de rios conectados. A bacia amazônica sustenta a agricultura tropical como o cacau e o café e é uma importante fonte da madeira do mundo. Os Andes também protegem da chuva os desertos ocidentais da América do Sul. O calor árido desses desertos expôs minerais, especialmente o cobre, que é extraído até hoje, sendo um dos maiores produtos de exportação do Chile. A sudeste das montanhas estão os campos férteis dos pampas argentinos onde a agricultura produz trigo, soja e gado.

A abundância natural dos Andes tornou-o um dos seis berços de civilizações onde o ambiente e os recursos naturais permitiram que os humanos nômades antigos se estabelecessem, cultivassem e criassem cidades pela primeira vez. A mais antiga civilização das Américas, chamada de Norte Chico, localizava-se onde hoje fica o Peru. A primeira cidade de Norte Chico foi construída há mais de 5.500 anos, algumas centenas de anos antes de o primeiro faraó ser coroado no Antigo Egito. As pessoas começaram a cultivar lavouras, como de abobrinha, feijões e algodão, começando a transformação humana da paisagem selvagem sul-americana. Hoje a América do Sul abriga muitas culturas tão diversificadas quanto suas paisagens naturais. Recursos, minerais e alimentos produzidos na América do Sul são exportados e apreciados em todo o mundo. Mas isso traz o perigo do uso excessivo da terra. Neste momento, a maior floresta tropical do mundo está encolhendo. Com nosso conhecimento de ecologia, podemos usar técnicas novas e tradicionais para extrair da terra ao mesmo tempo que preservamos seus ecossistemas vitais.

FLORESTA AMAZÔNICA

A Amazônia é a maior floresta tropical e é o lugar mais denso e rico para a vida na Terra. Estendendo-se por 5.000.000 km^2 em 8 países diferentes, a imensa selva (60% dela no Brasil) tem sido chamada de "oceano verde". Vivem nela 10% de todas as espécies conhecidas no mundo. Insetos brilhantes, aves dançarinas exóticas, peixes que comem carne, minúsculas preguiças-anãs – você encontra tudo isso lá.

Os milhões de plantas e animais diferentes nela precisam competir pelos recursos. As plantas lutam para romper a sombra do dossel da selva e chegar à luz do sol; algumas plantas evoluíram para crescer não na terra, mas no alto de árvores tão altas quanto arranha-céus. A competição por comida às vezes resulta em evolução especializada, na qual uma nova espécie emerge com um nicho superespecífico. O bico do beija-flor-bico-de-espada é mais longo que seu corpo para que ele possa se alimentar apenas de alguns tipos de flores tubulares longas que outros beija-flores não conseguem alcançar.

A vida aqui é alimentada pelo rio Amazonas, um dos mais longos rios da Terra. A água doce também cai do céu. Durante os 6 meses da estação chuvosa, mais de 200 bilhões de toneladas métricas de chuva inundam uma área de solo florestal maior que o Reino Unido inteiro. Durante essa estação, peixes e até golfinhos nadam em meio à selva. Essa água sustenta o enorme número de árvores que são cruciais para produzir oxigênio e regular o clima de todo o planeta. A Amazônia absorve mais de 2,4 toneladas métricas de carbono a cada ano. As florestas tropicais produzem cerca de 20% do oxigênio do mundo, por isso são chamadas de "pulmões do planeta".

MAIORES BENEFÍCIOS

A enorme densidade de plantas na Amazônia influencia os ciclos globais de carbono e água, **produzindo oxigênio** e **regulando os padrões meteorológicos e climáticos** para o **mundo todo**. Trinta milhões de pessoas (incluindo 350 tribos indígenas e grupos étnicos) que vivem na selva e nas cidades próximas dependem dela para alimento e trabalho.

Existe tanta comida na Amazônia que os animais podem comer o bastante para atingir grande porte, como a **capivara**, o maior roedor do mundo.

Durante a estação chuvosa, os **peixes-bois de água doce** deixam os rios e se alimentam na floresta inundada.

O dossel da floresta é tão denso de folhas que apenas uma pequena quantidade de luz passa, deixando o chão da floresta em **escuridão quase perpétua**.

É na Amazônia que vive um dos raros golfinhos de água doce, chamado de **boto-cor-de-rosa do rio Amazonas**.

As **onças** costumam caçar crocodilos-americanos e jacarés, e muitas pessoas acham que o nome tupi original para onça (*îagûara*) significa "aquele que mata com um salto".

MAIOR AMEAÇA

Infraestrutura nova e mal planejada, incluindo a construção de **enormes represas**, interrompe os sistemas fluviais cruciais para a vida na floresta tropical. A **extração de madeira** não sustentável e ilegal também coloca a selva em risco. Ateia-se **fogo** para remover árvores e abrir espaço para o gado, liberando milhões de toneladas de carbono na atmosfera

anualmente, o que contribui para o aquecimento global. As comunidades indígenas, como os **ashaninka**, estão trabalhando com os conservacionistas para proteger os rios e a selva. A Amazônia é crucial para a **saúde de todo o planeta**, e é importantíssimo combater o desflorestamento.

DESERTO DO ATACAMA

A última vez que choveu em partes do deserto do Atacama foi antes de os seres humanos começarem a registrar a história por escrito. Localizado na costa do Pacífico a oeste dos Andes, esse deserto fica inusitadamente acima do nível do mar e é protegido da chuva pelas montanhas dos Andes, o que lhe dá um clima e uma paisagem únicos. Ele é cheio de cânions vermelhos brilhantes, que contrastam com planícies brancas de sal, e tem o céu claro mais belo do mundo. Embora a vida lute para sobreviver neste clima inóspito, um pequeno número de plantas e animais se adaptou nessa paisagem "alienígena".

A proximidade do Atacama com o oceano provoca zonas de nevoeiro conhecidas como *fog oases* ou *lomas*, onde os íngremes penhascos e colinas costeiros podem reter a umidade das nuvens que vêm do oceano Pacífico. Essa pequena quantidade de água é o máximo de umidade que partes do Atacama conhecem. No entanto, é suficiente para sustentar alguns arbustos e muitos tipos de pássaros, como o tico-tico peruano e o tiziu do Pacífico, além de pequenos mamíferos, como viscachas e raposas. Conforme ele fica ainda mais seco, apenas raros cactos, urubus, ratos e escorpiões podem ser encontrados. Ao sul da cidade chilena de Antofagasta, o terreno se transforma em um mar de rochas vermelhas, mais parecido com Marte que com a Terra. Em algumas partes do Atacama, mais distantes do nevoeiro, o clima é tão seco que até as bactérias lutam para sobreviver. O calor que torna a vida tão dura também cria céus límpidos e à noite propicia uma visão cristalina da Via Láctea a olho nu. Alguns dizem que esse céu noturno é um dos maiores recursos naturais do deserto.

MAIORES BENEFÍCIOS

A elevada altitude do deserto do Atacama, os céus claros e a ausência de poluição luminosa o tornam perfeito para pesquisar estrelas. Lá está o maior projeto internacional de astronomia da Terra: um grupo de radiotelescópios chamado Atacama Large Millimeter/submillimeter Array. As delicadas leituras de ondas longas dos telescópios dão aos cientistas imagens detalhadas de estrelas distantes e uma compreensão melhor de nosso universo.

Embora não chova há séculos no Atacama, seus lagos antigos ainda estão evaporando, criando enormes lagos salgados e planícies salgadas. A maior planície salgada do Chile se encontra no deserto do Atacama.

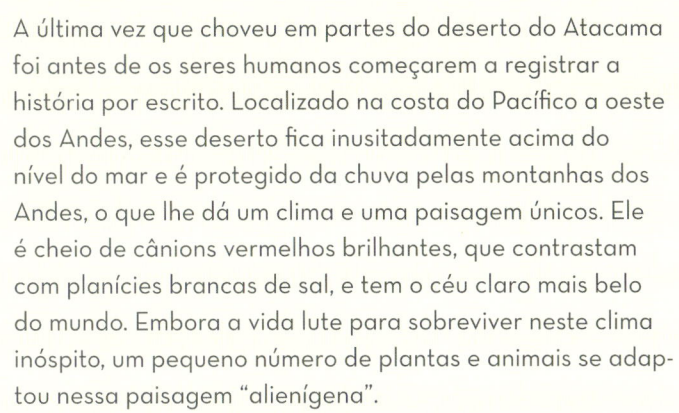

Grandes bandos de flamingos comem as algas que crescem na água rasa das planícies salgadas do Atacama. (Em inglês, um bando de flamingos é chamado de "*flamboyance*"!)

A NASA testou o Mars Rovers na paisagem similar à de Marte do Atacama.

O Valle del Arcoíris (Vale do Arco-Íris) tem esse nome devido às rochas coloridas que ocorrem naturalmente; o Valle de la Luna (Vale da Lua) tem formações de pedra e areia que se parecem com as da Lua.

Local com muitos grandes vulcões ativos, entre eles o famoso Licancabur.

MAIOR AMEAÇA

Conforme as cidades crescem perto do deserto, a quantidade de luz artificial no céu noturno também aumenta. Essa poluição luminosa pode confundir e perturbar os animais noturnos. É importante que novas construções sejam feitas de uma forma que respeite as necessidades do ecossistema. Ao instalar tipos especiais de luzes e aplicar a regulamentação de poluição luminosa, podemos preservar o recurso natural mais incrível do deserto: a visão mais clara do céu noturno que há na Terra.

ECOSSISTEMA DOS
PAMPAS

Os gaúchos cavalgam por uma extensão de grama aparentemente infinita. Por mais de 200 anos, eles lidaram com ovelhas, gado e cavalos nos pampas, usando as mesmas técnicas e tradições. As colinas arredondadas dos pampas são pontilhadas por arbustos e árvores e irrigadas por lagoas e rios. Toda essa relva prospera no clima úmido e nas pesadas chuvas chamadas *pamperos*. As gramíneas e plantas nativas, como a *flechillar*, têm sustentado a vida selvagem nativa, como o guanaco e o cervo dos pampas, muito antes de o gado ser levado para a região. Em meados do século XVI, os espanhóis colonizaram a América do Sul e levaram com eles cavalos e vacas domesticados que agora dominam o interior. Como os campos de todo o mundo, os ecossistemas e a paisagem dos pampas têm sido transformados por fazendas e agricultura. Embora os pampas pareçam enormes e se estendam por parte de Argentina, Uruguai e Brasil, não são um recurso inesgotável. O uso excessivo da terra para cultivo e as práticas de pasto não sustentáveis os tornaram um dos ecossistemas mais ameaçados do mundo. Quando os campos não têm tempo suficiente para se recuperar depois de servir de pasto para os animais, o solo sofre erosão mais rapidamente e as plantas têm mais dificuldade para crescer.

O gaúcho sempre foi um símbolo dos pampas, mas, à medida que o ecossistema dos campos se torna mais ameaçado, o mesmo ocorre com esse modo de vida. Agora, cientistas, gaúchos e proprietários de terras estão trabalhando juntos para criar e implementar novas técnicas de pasto e cultivo que minimizem o impacto ambiental para que a terra possa continuar a ser usada por muitas gerações.

MAIORES BENEFÍCIOS

Os campos dos pampas são uma parte valiosa da economia da Argentina e um centro da agricultura na América do Sul. O **solo rico** e a **relva abundante** os tornam ótimos para lavouras e pasto de animais como o gado. Conforme a lavoura e a criação de animais se expandem, é importante manter os campos nativos parcialmente intactos, pois eles ajudam a evitar de modo natural a desertificação e as inundações.

A **ema** vive nos pampas. Ela é um pássaro parecido com um avestruz e corre em zigue-zague quando é perseguida.

Os cílios grossos e viçosos do **guanaco** ajudam a proteger os olhos da poeira.

Buenos Aires, a cidade mais populosa da Argentina, está localizada nos pampas.

As calças largas usadas pelos gaúchos se chamam **bombachas**.

MAIOR AMEAÇA

A **drenagem desnecessária** dos pântanos vitais, o **uso excessivo** dos pastos para criação de animais e a **destruição dos campos nativos** para abrir espaço para novas fazendas não sustentáveis ameaçam o ecossistema dos pampas. Todas essas atividades aumentam a erosão do solo, dificultando o crescimento de nova relva. Para alimentar nossa população humana em expansão constante, precisamos encontrar o equilíbrio entre o cultivo em larga escala e as técnicas sustentáveis que mantêm os campos intactos.

ECOSSISTEMA DOS
ANDES TROPICAIS

No decorrer de longos períodos, as placas tectônicas sob continentes e oceanos se movem e colidem. Foi assim que, há mais de 200 milhões de anos, o supercontinente Pangea começou a se separar nos continentes que temos hoje; e que nossas maiores cadeias de montanhas, como os Andes, foram criadas. Essa cordilheira de 6.900 km de comprimento, que se estende por todo o lado oeste do continente, abriga muitos dos picos mais altos do hemisfério ocidental. Os três climas principais nos Andes são seco, úmido e tropical. Os Andes tropicais são um centro de enorme biodiversidade que segue o caminho das montanhas por 5.300 km, da Venezuela à Bolívia.

A temperatura nos Andes fica mais fria conforme você sobe as montanhas, provocando flutuações de clima. Esses microclimas permitem muitos nichos e hábitats diferentes para grandes quantidades de animais e plantas. A 4.800 m, os Andes tropicais são cobertos por campos e neve. Em altitudes menores, abaixo de 3.500 m, fica a maior floresta nublada do mundo, com suas plantas envoltas em nevoeiro. Ainda mais baixo, a 1.500 m, começa a ser quente o bastante para que a vida selvagem da floresta tropical circule pela área.

O clima não é o único fator que torna essa floresta tão diversa. Ao contrário de uma floresta normal, as florestas dos Andes tropicais estão espalhadas pelas montanhas. Como em ilhas cercadas por água, algumas espécies silvestres não conseguem sair de alguns picos. Muitas espécies únicas de animais e plantas podem ser encontradas em apenas uma montanha de toda a cordilheira.

O **urso-de-óculos**, também chamado de urso-andino, recebeu esse nome porque suas marcas parecem com óculos. Ele emite sons muito raros entre os ursos, como **guinchos** e um **ronronar** suave.

Os Andes abrigaram o **Império Inca**, a maior civilização nas Américas pré-colombianas.

As **batatas** e o tabaco são originários dos Andes e agora são cultivados em todo o mundo.

O **papagaio-de-crista-amarela** está em risco de extinção, mas, com a ajuda dos conservacionistas, a população aumentou para mais de 1.500 indivíduos.

Os Andes tropicais têm a maior diversidade animal e vegetal entre todos os *hotspots* de biodiversidade do mundo.

MAIORES BENEFÍCIOS

Quinze por cento das espécies de plantas conhecidas de todo o mundo podem ser encontradas nos Andes tropicais. Em apenas 1 hectare dos Andes tropicais existem mais de 300 espécies diferentes de flores. A abundância

de plantas nessa floresta ajuda a **produzir oxigênio** e a absorver **5,4 bilhões de toneladas** de carbono por ano. Isso equivale às emissões de carbono anuais de 1 bilhão de carros.

MAIOR AMEAÇA

Conforme a população humana cresce, a demanda de **combustível**, **madeira** e **alimentos** também aumenta. Como resultado, os Andes tropicais enfrentam a **exploração de madeira** e a **caça ilegal**. Isso contribui para o **desflorestamento** e coloca espécies animais em risco. A produção não sustentável de **cacau** e **café** em larga escala prejudica o solo e obriga as comunidades locais a desmatar cada vez mais para cultivar alimentos para sua subsistência. A pobreza da região precisa ser solucionada para evitar isso. Quando as pessoas têm **segurança alimentar**, elas são mais capazes de proteger a vida selvagem.

EUROPA

Muitos já disseram que a Europa é mais uma ideia que um local geográfico. Está na mesma massa de terra que a Ásia, mas sua fronteira oriental não é definida por nenhuma barreira geológica. A "ideia" da Europa foi criada pelos gregos antigos, que decidiram que os dois lados de uma passagem estreita chamada Helesponto (atualmente Dardanelos) estariam em dois continentes diferentes. A fronteira entre Europa e Ásia é uma linha acordada que mudou conforme a situação política e cultural de determinado período. A Europa é essencialmente uma grande península com muitas ilhas repletas de culturas, climas e paisagens belos e diversos.

A Europa é considerada o "Velho Mundo", onde começou a civilização ocidental. Da Idade da Pedra à Revolução Industrial, a Europa mudou o mundo inteiro de maneira considerável. As ideias e a arte criadas durante a Antiguidade grega e o Renascimento europeu ainda definem o mundo ocidental hoje. Durante a época da exploração e da colonização, os europeus mudaram a história humana de muitos outros continentes e culturas. Em uma corrida para criar impérios globais, os reinos europeus deslocaram e impactaram uma imensa quantidade de pessoas nas outras regiões do mundo. Além disso, levaram seus animais e plantas nativos para todo o planeta e trouxeram consigo as espécies que encontraram em suas viagens, afetando enormemente nosso ecossistema global.

Na Grã-Bretanha, durante o século XVIII, a Revolução Industrial provocou mudanças radicais e irreversíveis no modo como usamos nosso ambiente. Novas ferramentas e invenções, como o motor a vapor, técnicas de produção do ferro e o tear mecanizado, mudaram a maneira como as coisas eram feitas. As linhas de montagem tornaram possível a produção em massa de bens. Por toda a Europa, as pessoas deixaram uma vida campesina para trabalhar nessas novas fábricas. Em vez da produção local de roupas ou ferramentas, esses bens eram produzidos em massa e podiam ser comercializados em uma escala global. O avanço dos motores movidos a vapor e a carvão expandiu muito os transportes globais. A Revolução Industrial transformou o modo como os seres humanos vivem e fazem negócios. Ainda mais importante, ela redefiniu nosso relacionamento com o mundo natural.

CHARNECAS DAS ILHAS BRITÂNICAS

Essa região inspirou muitos escritores famosos, como Sir Arthur Conan Doyle. Embora essa paisagem úmida e montanhosa possa parecer uma área totalmente selvagem, na verdade ela foi criada pelas pessoas. Apesar de parte da charneca ser um pântano sem árvores que ocorre naturalmente, existem evidências de que muito dela foi, algum dia, uma floresta antiga. Muitas das árvores foram derrubadas pelos seres humanos no período Mesolítico, e, ao fazer isso, eles criaram esse novo ecossistema. Atualmente, as charnecas ainda são usadas pelas pessoas para o pasto e a caça de vida selvagem. Agora elas são preservadas por meio de uma rica tradição de manejo da terra. A caça esportiva e com alvo determinado e incêndios administrados ajudam a preservar a miscelânea de ecossistemas jovens e antigos. Isso assegura que os campos tenham período saudável de renovação e permaneçam viáveis para futuros pastos.

As charnecas têm muitos brejos – pântanos ricos em turfa, uma substância grossa similar à lama. A turfa é o primeiro estágio da formação do carvão. Com o tempo, o material de plantas mortas se acumula no fundo de um brejo. Elas não se decompõem completamente, mas, em vez disso, criam a turfa. Quanto mais profunda a turfa, mais rica em carbono ela é, o que faz com que ela seja uma fonte de energia, ajudando fogueiras a queimar por mais tempo. Os brejos também contêm musgos chamados esfagno, que impedem que a turfa seja levada pela água. Eles também filtram a água naturalmente, criando água doce limpa para todos! Os brejos úmidos contribuem para o solo rico em carbono que alimenta todo o ecossistema do campo.

MAIORES BENEFÍCIOS

Pessoas e animais dependem das charnecas como principal **fonte de alimentos**. Os brejos fornecem **água potável** limpa e **pasto** nutritivo para os rebanhos de ovelhas. Os solos de turfa que se estendem por toda a Europa também são um importante **reservatório global de carbono**. Esses reservatórios armazenam carbono naturalmente em lugares fora da nossa atmosfera e são parte importante do ciclo de carbono.

Pássaros do mundo inteiro migram para as charnecas, como a **andorinha-de-pescoço-vermelho**, que migra todos os anos da África.

Os brejos de turfa são "paisagens vivas" que formam constantemente novos **outeiros** (pequenas colinas ou morros) e **depressões** (valas ou crateras).

O **tetraz**, o "rei dos pássaros de caça", é caçado quando sua população aumenta demais. Historicamente, essa caça era necessária para manter uma população animal equilibrada. Hoje, ela dá às comunidades rurais outra fonte de renda que sustenta o manejo da terra.

Os brejos de turfa são encontrados em toda a Europa, e a turfa tem sido usada como combustível desde a Idade do Bronze. Ela ainda é usada em partes da Europa, como a Irlanda e a Finlândia.

O **musgo esfagno** nos brejos age como uma esponja e pode **evitar inundações danosas** nas cidades próximas.

MAIOR AMEAÇA

O **uso excessivo como pasto** e as **lavouras mal planejadas** começaram a secar as charnecas. O **aquecimento global** também está provocando mais incêndios incontroláveis. Para combater isso, conservacionistas e donos de terras estão trabalhando para permitir conscientemente que os pântanos se encham de água, algumas vezes ajudando o processo por meio da escavação de valas com explosivos.

ECOSSISTEMA DA
BACIA DO MEDITERRÂNEO

"O berço da civilização ocidental" está localizado ao redor do maior mar cercado por terra do planeta, o Mediterrâneo, que abrange 24 países de Europa, Oriente Médio e África. O mar parece não ter mudado com o tempo, mas já secou completamente e se transformou em um deserto.

A água doce que o Mediterrâneo recebe dos rios circundantes evapora 3 vezes mais rápido do que flui, e isso o torna dependente da água salgada que flui do oceano Atlântico. Há mais de 6 milhões de anos, a atividade tectônica fez com que as pontas da Espanha e do Marrocos se encontrassem e se fundissem, separando o mar Mediterrâneo do oceano. O calor do sol agiu rápido e, depois de 2 mil anos, toda a água do Mediterrâneo evaporou, transformando o leito do mar em um deserto. Finalmente, um terremoto separou novamente a Espanha e o Marrocos, criando o estreito de Gibraltar, e o mar Mediterrâneo se encheu novamente. Hoje, embaixo da ilha da Sicília, existe uma enorme mina subterrânea de sal formada pelos depósitos deixados quando o mar evaporou.

O solo fértil e o clima ameno permitiram que as pessoas prosperassem na bacia do Mediterrâneo por mais de 130 mil anos. Os seres humanos antigos transformaram e cultivaram a terra até criar a bela paisagem produtora de alimentos que vemos hoje. A região é rica em plantações, como de uvas, figos, oliveiras, lavanda e alecrim. Com a facilidade de cultivo e a pesca abundante, não é de admirar que o Mediterrâneo tenha sido chamado de paraíso! Uma vida fácil significou mais tempo para as pessoas do mundo antigo criarem arte e difundirem ideias. A influência dessas civilizações antigas ainda é sentida no mundo todo.

MAIORES BENEFÍCIOS

Existem mais de 22.500 espécies de plantas na bacia do Mediterrâneo, o que a torna um hotspot de biodiversidade! O clima, a vegetação e a pesca abundante fizeram com que essa região tivesse muitas grandes civilizações antigas. A arte, a filosofia, o governo e a arquitetura da Grécia Antiga e do Império Romano ainda influenciam a arte e a cultura no mundo ocidental atual.

Existe tanto sal embaixo da bacia do Mediterrâneo que mineiros esculpiram uma igreja subterrânea em tamanho real feita inteiramente de sal. Poderíamos extraí-lo por 1 milhão de anos sem esgotá-lo!

TODA ESCULPIDA EM SAL

Na bacia, vive o macaco-de-gibraltar, a única espécie de primata da Europa.

O mais antigo Estado soberano e república constitucional do mundo, San Marino, situa-se nessa região e data de 301 d.C.

Histórias da Grécia Antiga, como a Ilíada e a Odisseia, descrevem o Mediterrâneo como tendo cor de vinho escuro. Os historiadores têm tentado descobrir o que isso significa: as reluzentes águas azuis já foram mais escuras ou a visão humana mudou com o tempo?

TALVEZ NÃO HOUVESSE UMA PALAVRA PARA "AZUL"! QUEM SABE?

MAIOR AMEAÇA

A bacia do Mediterrâneo é visitada por mais de 200 milhões de turistas por ano, que vão a belas cidades como Nice, Barcelona, Sardenha e Milos. Isso significa que a construção de hotéis e outros empreendimentos urbanos é um grande problema. Muito pouco da bacia é protegido, e os hábitats de vida selvagem estão sendo destruídos. A pesca é excessiva, e a limitada água doce dos rios é usada em demasia. Durante séculos, a região tem sido manejada por pessoas sem ser destruída. Agora os países daquela área estão se reunindo para evitar o uso irresponsável do lugar.

ECOSSISTEMA DOS
ALPES

Essa bela cadeia de montanhas, com encostas cobertas de flores silvestres coloridas e altos cumes nevados, é a maior da Europa, abrangendo 8 países diferentes, de Mônaco à Eslovênia.

Embora a cordilheira dos Alpes seja enorme, seus recursos não são ilimitados. A caça e a expansão da população humana fizeram com que os grandes predadores como ursos, lobos e linces se tornassem espécies em perigo. O resultante desequilíbrio entre predador e presa ameaçou todo o ecossistema. Conservacionistas e governos locais criaram regulamentos de caça que protegem esses grandes e importantes predadores, e isso permitiu que suas populações aumentassem.

Milhões de turistas viajam para os Alpes todos os anos para ver a majestade das montanhas, caminhar, esquiar e talvez cantar como os tiroleses. Embora os Alpes ainda tenham alguns dos maiores territórios com hábitats intactos de vida selvagem da Europa, a densidade da atividade humana também os transformou na cadeia de montanhas mais ameaçada do mundo. Conservacionistas e governos locais estão agindo agora para preservar essas importantes montanhas e explorá-las de um modo que não perturbe a natureza.

Muitos fazendeiros nas encostas das montanhas ainda usam técnicas tradicionais e sustentáveis que datam da **Idade da Pedra Polida**.

Nos Alpes, os fazendeiros agora usam **cães de guarda** em vez de armas para afastar os grandes predadores como **ursos e lobos**. Os altos latidos dos cães evitam o perigoso contato entre as pessoas e os animais e também as mortes desnecessárias de vida selvagem. Isso ajuda a manter o ecossistema equilibrado, com a população necessária dos grandes predadores.

As plantas de montanhas de clima frio se adaptaram para desenvolver **raízes longas** que suportam o clima rigoroso.

Impressionantes feitos de engenharia permitiram que **estradas e túneis** fossem abertos nas montanhas, tornando os Alpes uma das cordilheiras mais acessíveis da Terra.

MAIORES BENEFÍCIOS

Os Alpes foram chamados de **"os pulmões da Europa"** porque as enormes florestas e campos encontrados em toda a cordilheira são grandes produtores de oxigênio. **A água que se origina do degelo** dos glaciares alimenta os grandes rios e mares da Europa. Essa água doce também sustenta a vida selvagem diversificada dos Alpes e sua população humana. Hoje, cerca de **20 milhões de pessoas** que vivem nessas montanhas dependem da economia agrícola mantida nos pastos das montanhas.

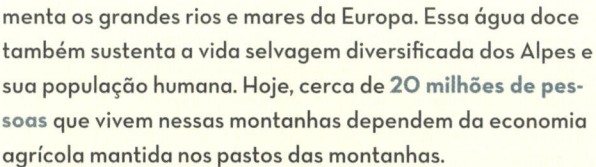

MAIOR AMEAÇA

A **mudança climática** ameaça as cadeias de montanhas em todo o mundo, inclusive os Alpes. Conforme as temperaturas globais aumentam, os **glaciares** degelam, as **avalanches** se tornam mais frequentes e os animais adaptados ao frio continuam a **migrar** para cima nas montanhas, deslocando outras espécies em busca de um hábitat mais frio. Nos Alpes, a **superlotação** e o **trânsito** de turistas e as **técnicas insustentáveis de cultivo** estão prejudicando a vida selvagem e as fontes de água doce. Neste momento, conservacionistas e governos estão identificando e protegendo as partes dos Alpes essenciais para a saúde de toda a cordilheira. Existe também um aumento do **turismo ecológico**, e uma nova arquitetura sustentável está sendo implantada.

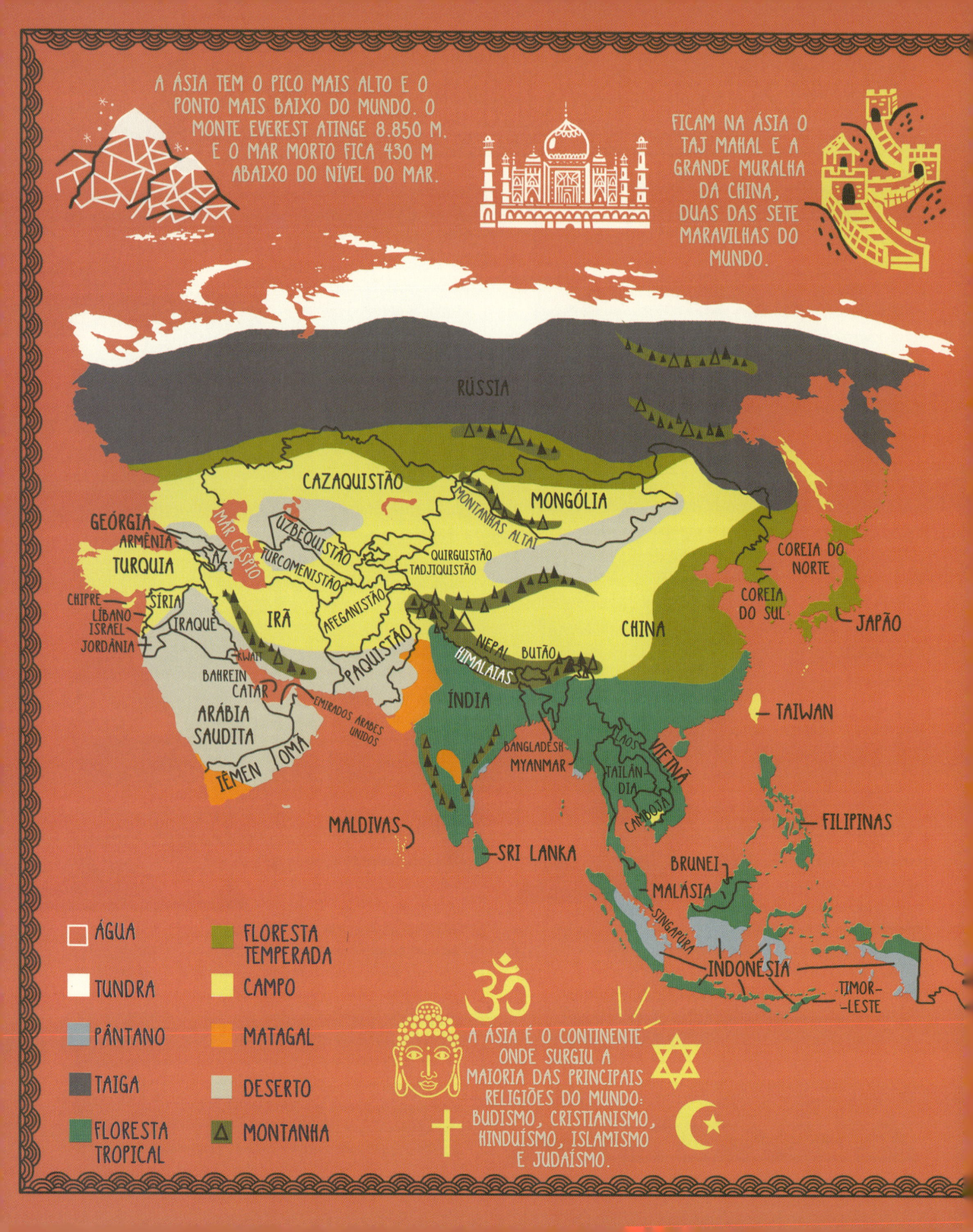

A ÁSIA TEM O PICO MAIS ALTO E O PONTO MAIS BAIXO DO MUNDO. O MONTE EVEREST ATINGE 8.850 M. E O MAR MORTO FICA 430 M ABAIXO DO NÍVEL DO MAR.

FICAM NA ÁSIA O TAJ MAHAL E A GRANDE MURALHA DA CHINA, DUAS DAS SETE MARAVILHAS DO MUNDO.

RÚSSIA

CAZAQUISTÃO

MONGÓLIA

MONTANHAS ALTAI

GEÓRGIA
ARMÊNIA
TURQUIA

MAR CÁSPIO

UZBEQUISTÃO
TURCOMENISTÃO

QUIRGUISTÃO
TADJIQUISTÃO

COREIA DO NORTE

COREIA DO SUL

JAPÃO

CHIPRE
LÍBANO
ISRAEL
JORDÂNIA

SÍRIA
IRAQUE

IRÃ

AFEGANISTÃO

KUWAIT

PAQUISTÃO

NEPAL

BUTÃO

HIMALAIAS

CHINA

BAHREIN
CATAR

EMIRADOS ÁRABES UNIDOS

ÍNDIA

TAIWAN

ARÁBIA SAUDITA

OMÃ

BANGLADESH
MYANMAR

LAOS
VIETNÃ

IÊMEN

TAILÂNDIA

FILIPINAS

CAMBOJA

MALDIVAS

SRI LANKA

BRUNEI
MALÁSIA

SINGAPURA

INDONÉSIA

TIMOR-LESTE

Legenda:

- ÁGUA
- TUNDRA
- PÂNTANO
- TAIGA
- FLORESTA TROPICAL
- FLORESTA TEMPERADA
- CAMPO
- MATAGAL
- DESERTO
- MONTANHA

A ÁSIA É O CONTINENTE ONDE SURGIU A MAIORIA DAS PRINCIPAIS RELIGIÕES DO MUNDO: BUDISMO, CRISTIANISMO, HINDUÍSMO, ISLAMISMO E JUDAÍSMO.

ÁSIA

Leões, tigres e ursos! (Nossa!) A Ásia é o maior continente da Terra, com uma incrível diversidade de ecossistemas, dos desertos escaldantes do Oriente Médio aos férteis campos úmidos da China. No sul, as monções tropicais encharcam a Índia com chuva por meses seguidos. No norte, está a Sibéria, uma terra gelada coberta pela tundra quase completamente congelada. Na Ásia se encontram muitas cordilheiras, entre elas os Himalaias, com os picos mais altos do mundo. Essas montanhas são tão altas que bloqueiam as correntes de vento e criam muitos climas diferentes no centro e no sudeste da Ásia. Elas também atuam como uma parede natural que controlou a migração animal e forneceu proteção para os antigos impérios asiáticos diante dos invasores externos.

Foi nos vales dos rios da Ásia que surgiram as primeiras civilizações humanas: no Crescente Fértil na antiga Mesopotâmia, no Vale do Indo na antiga Índia e no vale do rio Yangtzé na antiga China. Conforme as pessoas começaram a cultivar lavouras e transformar a paisagem ao redor delas, a população humana cresceu muito, e a civilização entrou em uma nova era. Técnicas agrícolas mais avançadas significavam menos tempo gasto na busca de comida e mais tempo para pensar e inventar. Por volta de 5000 a.C., a Mesopotâmia abrigou várias grandes civilizações e foi responsável por invenções como a roda, a irrigação, a domesticação de animais, os registros históricos e a matemática. Agora, a Ásia é o continente mais populoso da Terra, e lá vive mais da metade da população humana. Os ecossistemas da Ásia têm um grande impacto sobre todo o mundo. É vital proteger sua bela e importante vida selvagem.

ECOSSISTEMA DA
TAIGA DO NORDESTE SIBERIANO

"A terra dos pauzinhos" ou "a terra adormecida" foram os primeiros nomes da Sibéria e da floresta fria, seca e aparentemente infinita que cobre o norte da Rússia: a taiga, que é a maior floresta intocada de seu tipo no mundo, cobrindo mais de 3.800.000 km². Seus pinheiros resistentes se adaptaram para crescer em um dos climas mais frios da Terra. O inverno é longo e extremamente frio (com mínimas de –56 °C), com pouca queda de neve; os verões são curtos e quentes (com máximas de 16 °C, degelando a neve). Por causa desse clima frio, a Sibéria abriga os animais mais peludos da Terra. Os ferozes linces de pelo macio e manchado e o peludo e perigoso urso-pardo-siberiano caçam pequenos mamíferos, como as lebres.

A taiga siberiana faz fronteira com o Círculo Ártico, e a maior parte do solo está congelada há milênios. Esse *permafrost* impossibilita o cultivo de lavouras, mas, com a mudança climática e o aumento das temperaturas, começou a degelar em todo o Círculo Ártico pela primeira vez, o que está liberando rapidamente gases carbônico e metano que estavam armazenados em segurança no gelo por milhares de anos. Conforme são liberados na atmosfera, eles contribuem ainda mais para o aquecimento global.

A taiga siberiana é uma das maiores áreas selvagens intocadas do mundo. A imensa floresta perene faz o que as plantas fazem de melhor: expelir oxigênio na atmosfera e criar uma base para toda a peluda cadeia alimentar que chama de lar essa terra gelada e difícil.

Muitas rochas da floresta siberiana são **vulcânicas** e datam do **período Permiano-Triássico**.

Os biomas de taiga cobrem **17%** da superfície da Terra.

No verão, **300 espécies de pássaros** visitam a Sibéria, mas apenas 30 espécies permanecem durante o frio inverno siberiano.

A **cratera Batagaika**, causada pelo degelo do *permafrost*, é a maior de seu tipo. No folclore local, ela é considerada um portal para o **mundo subterrâneo**, por causa dos barulhos estranhos que emite.

O degelo do *permafrost* está revelando os fósseis de **mamutes peludos** pré-históricos e bactérias antigas.

MAIORES BENEFÍCIOS

Esta grande floresta perene é um **reservatório global de carbono**. Isso significa que a floresta é essencial para a absorção global de CO_2 da atmosfera e a produção de oxigênio. A taiga ajuda a **regular o clima global**. A Sibéria também é rica em recursos minerais como **carvão**, **combustíveis fósseis**, **ferro** e **ouro**.

MAIOR AMEAÇA

O **aquecimento global** está degelando o *permafrost* e liberando gases de efeito estufa na atmosfera. A abundância de árvores na Sibéria provocou a **extração excessiva de madeira** sem **replantio**. A **mineração de carvão** e a **caça excessiva visando a pele dos animais** também ameaçam a vida selvagem siberiana.

ECOSSISTEMA DOS
MANGUES DA INDOCHINA

Ao longo do litoral do sudeste asiático estão as raízes emaranhadas das florestas de mangues. Os mangues evoluíram de modo único para crescer na passagem da água doce para o oceano salgado, com sistemas de raízes capazes de filtrar o sal. Vivendo entre ecossistemas, eles são um importante ecótono e têm protegido as regiões costeiras de Tailândia, Camboja, Vietnã e Malásia. Seus galhos e raízes criam barreiras naturais para tempestades, impedem a erosão causada pelas marés e criam um refúgio parecido com um labirinto para muitos animais. Também são um importante terreno de reprodução e berçário para a vida marinha. Um pescador tailandês da costa de Andamão expressou isso muito bem: "Se não houver mangues, o mar não terá significado. É como ter uma árvore sem raízes, pois os mangues são as raízes do mar".

Essas importantes florestas de mangues foram quase completamente destruídas durante a Guerra do Vietnã. Grandes porções das florestas na costa central do Vietnã foram dizimadas pelos tanques de guerra que passam por elas e pela exposição ao napalm e ao Agente Laranja, uma arma bioquímica feita com os mesmos ingredientes de um agrotóxico que destruiu parte da floresta de mangue e dos ecossistemas circundantes e fazendas em todo o Vietnã e no Camboja. Em altas doses, os agrotóxicos também são prejudiciais para as pessoas, causando câncer, defeitos congênitos e problemas genéticos que podem afetar as futuras gerações. Os efeitos do Agente Laranja ainda hoje são sentidos por milhões de pessoas, mas há esperança. Agora os conservacionistas estão fazendo grandes esforços no reflorestamento dessa área, e há nova vida nessa região que já foi tão prejudicada.

Muitos lagartos dependem da floresta de mangue, entre eles o lagarto-monitor e o gavial-da-malásia, que se parece com um crocodilo.

Algumas das aves aquáticas mais raras do mundo são encontradas nos manguezais da Indochina, entre elas o asarcornis e o pelicano-de-bico-pintado.

O manguezal da Indochina é parte de uma rede mais ampla de muitos ecossistemas baseados em manguezais que se alongam da Tailândia à Austrália. Muitos dos peixes que nascem nos manguezais povoam a Grande Barreira de Corais.

Gosta de coquetel de camarão? Agradeça aos mangues! Quantidades enormes de camarão saem das empresas de pesca do Vietnã, que se beneficiam diretamente da floresta de mangue costeira.

Os jovens tapires encontrados nos manguezais têm listas brancas e pontos que os ajudam a se esconder. Por volta dos 7 meses, eles perdem a pelagem de bebê e suas marcas.

MAIORES BENEFÍCIOS

Os manguezais funcionam como barreiras naturais que protegem a região costeira de tempestades e erosão. Embora nenhum mamífero seja nativo dos manguezais da Indochina, muitos dependem das árvores como um território cotidiano para caça. Muitos peixes e crustáceos depositam os ovos nas raízes submersas dos mangues, pois esse é o local perfeito para os peixinhos crescerem e se esconderem.

MAIOR AMEAÇA

Muitas pessoas pensam erroneamente que os manguezais da Indochina são inúteis, e os desmatam para instalar novas edificações e empreendimentos agrícolas. Na Tailândia, metade dos manguezais foi cortada para a produção de carvão. Além disso, às vezes explosivos e redes de arrasto são usados na pesca próxima aos manguezais, prejudicando as árvores e a vida selvagem, especialmente os animais marinhos jovens.

ECOSSISTEMA DAS
ESTEPES DO LESTE DA MONGÓLIA

As estepes do leste da Mongólia abrigam os maiores campos temperados intactos do mundo. Enquanto os campos do mundo inteiro estão encolhendo em uma velocidade alarmante, mais de 1 milhão de gazelas-mongóis vagam livremente na Mongólia. O país é um pouco menor que o Alasca, e grande parte dele é coberto por colinas arredondadas, planícies revestidas de grama e pântanos encharcados. Com céu claro cerca de 250 dias por ano, a região merece seu apelido local: "a terra do céu azul". Mas essa terra praticamente plana e muito elevada sofre extremos climáticos das estações, e é bem mais difícil morar nela do que nas estepes ocidentais. Os verões nos campos são quentes, e a grama cresce abundante e rapidamente. Os invernos têm ventos muito fortes, com temperaturas abaixo de 0 °C. Em toda a Mongólia, as temperaturas podem chegar a um frio extremo de até -40 °C; é tão intenso que existe uma palavra mongol especial para ele: *zud*.

As estepes do leste da Mongólia são um Patrimônio Mundial da Unesco por sua vasta e intocada área selvagem e pela abundância de vida selvagem única. Lá são encontrados animais como o fofinho cão-guaxinim, a elegante raposa-das-estepes e o cavalo-de-przewalski, que é uma espécie em risco de extinção. Os campos das estepes ainda estão intactos graças ao povo mongol e às suas técnicas tradicionais de manejo de terras. A região é ainda pouco desenvolvida, e muitos de seus cidadãos dependem da saúde da terra e priorizaram seu cuidado. De fato, no século XX, o número de pessoas que vivem como pastores nômades tradicionais na Mongólia aumentou. Uma das maiores regiões selvagens do mundo existe hoje graças ao povo mongol e à importante relação que ele tem com as estepes.

MAIORES BENEFÍCIOS

Os maiores campos temperados intactos do mundo sustentam um país inteiro. A economia da Mongólia é baseada na produção de **carne**, **lã** e **cashmere** a partir de rebanhos de animais domesticados. O governo nacional aplica restrições à caça e promove a preservação de **técnicas tradicionais de manejo de terras** para manter os campos intactos e extensos.

Muitos fazendeiros mongóis ainda vivem em *yurts* (tendas) e usam roupas tradicionais de pastores.

Os **cavalos selvagens nativos** da Mongólia quase foram extintos por causa da caça ilegal e da concorrência com os animais de criação.

As estepes do leste da Mongólia são parte de um **bioma de campo** maior, com **8.000 km**, que se estende pela Ásia, da Ucrânia até a China.

ARGALI

EU PESO MAIS DE 300 KG.

O **argali**, o maior carneiro-da-montanha do mundo, vive na Mongólia.

MAIOR AMEAÇA

O **cashmere**, que vem das **cabras**, é um dos produtos de exportação mais lucrativos da Mongólia. Mas as grandes populações desse caprino podem ser destrutivas para a paisagem. Quando eles pastam,

CABRA-DA-CAXEMIRA

COME TODA A PLANTA

comem as raízes e a grama, e isso pode destruir pastos inteiros, deixando dunas de areia (que não podem ser cultivadas) em seu lugar. Os pastores estão trabalhando com os conservacionistas para alimentar suas cabras de **maneira mais estratégica e sustentável**. Se eles tiverem sucesso, os campos destruídos pela pastagem crescerão novamente em cerca de 10 anos. Mas a demanda pelo *cashmere* continua crescendo. Mesmo nos locais mais rurais, a agricultura e o desenvolvimento precisam ser feitos com a conservação em mente.

MONTANHAS DO HIMALAIA

"Himalaia" significa "morada da neve" em sânscrito, e as montanhas mais altas do mundo têm sido a base de mitos e lendas em toda a Ásia. No século XX, os Himalaias se transformaram em um ponto de conquista para os escaladores que querem chegar aos picos das montanhas. Mas os Himalaias são mais que apenas um destino de aventura.

Quanto mais alto na cordilheira, mais frio fica o clima. No alto dos Himalaias estão as capas de gelo glaciar. Seus picos têm o terceiro maior depósito de gelo e de neve congelada do planeta, ficando atrás apenas dos Polos Norte e Sul. Conforme você desce para altitudes menores, a temperatura começa a aumentar, e o gelo e a neve começam a degelar, fluindo em rios.

Abaixo de 5.000 m há o matagal alpino ocidental e os campos montanhosos. Aqui, o esquivo leopardo-das-neves caça o cervo-almiscarado entre as rochas. Novecentos metros abaixo, no vale interior, vive o panda-vermelho, uma espécie ameaçada, entre pinheiros e abetos. Conforme você continua a descer, o clima se torna mais tropical. Ao redor dos 3.000 m, a floresta oriental é cheia de grandes carvalhos, belas orquídeas e 500 espécies de pássaros. Finalmente, na base das montanhas, em uma altitude de 1.000 m ou menos, começam as florestas tropicais decíduas, onde tigres e elefantes são escondidos pela densa folhagem.

Embora esses terrenos montanhosos sejam muito diferentes, eles se superpõem com frequência. Uma montanha é uma rede gigante e complexa de interação de cima a baixo, e cada ecossistema diferente depende de seus vizinhos para sobreviver.

Os Himalaias orientais abrigam 3 dos maiores mamíferos da Ásia: o **elefante-asiático**, o **rinoceronte-indiano** e o **búfalo-d'água-selvagem**.

Deslizamentos de terra, **terremotos** e **avalanches** são comuns porque o movimento tectônico que criou as montanhas ainda está ativo na área.

Com **8.848 m**, o Monte Everest é a **montanha mais alta do mundo**. A maioria dos escaladores demora cerca de **2 meses** para chegar ao cume da montanha.

Os primeiros a chegar ao cume do Monte Everest foram o montanhista sherpa **Tenzing Norgay** e **Sir Edmund Hillary**, em 1953.

MAIORES BENEFÍCIOS

Os enormes **glaciares** dos Himalaias são a fonte de água doce para a maior parte da Ásia. A **neve derretida** alimenta os 3 principais sistemas hidrográficos asiáticos: o **Indo**, o **Yangtzé** e o **Ganges-Brahmaputra**. As montanhas também criam uma enorme **barreira natural** que influencia o **clima** do sul da Ásia. Elas impedem fisicamente os ventos do norte de chegarem ao sul da Índia no inverno e bloqueiam os ventos sudoeste das monções, fazendo com que as nuvens liberem a maior parte da chuva antes de chegarem ao norte.

MAIOR AMEAÇA

As **mudanças climáticas** estão causando o degelo rápido dos glaciares das montanhas em todo o mundo. Os glaciares dos Himalaias estão derretendo em uma velocidade alarmante e isso ameaça a fonte de água doce da qual depende a maior parte da Ásia. Além disso, as florestas das montanhas são excessivamente usadas para **extração de madeira** e **pastoreio**. Fazendeiros dos Himalaias orientais estão alimentando os animais nas florestas por falta de campos, mas elas não podem sustentar um número tão grande de animais de criação. Grupos de conservação trabalham para proteger a região e melhorar a vida das pessoas que dependem da agricultura nas montanhas.

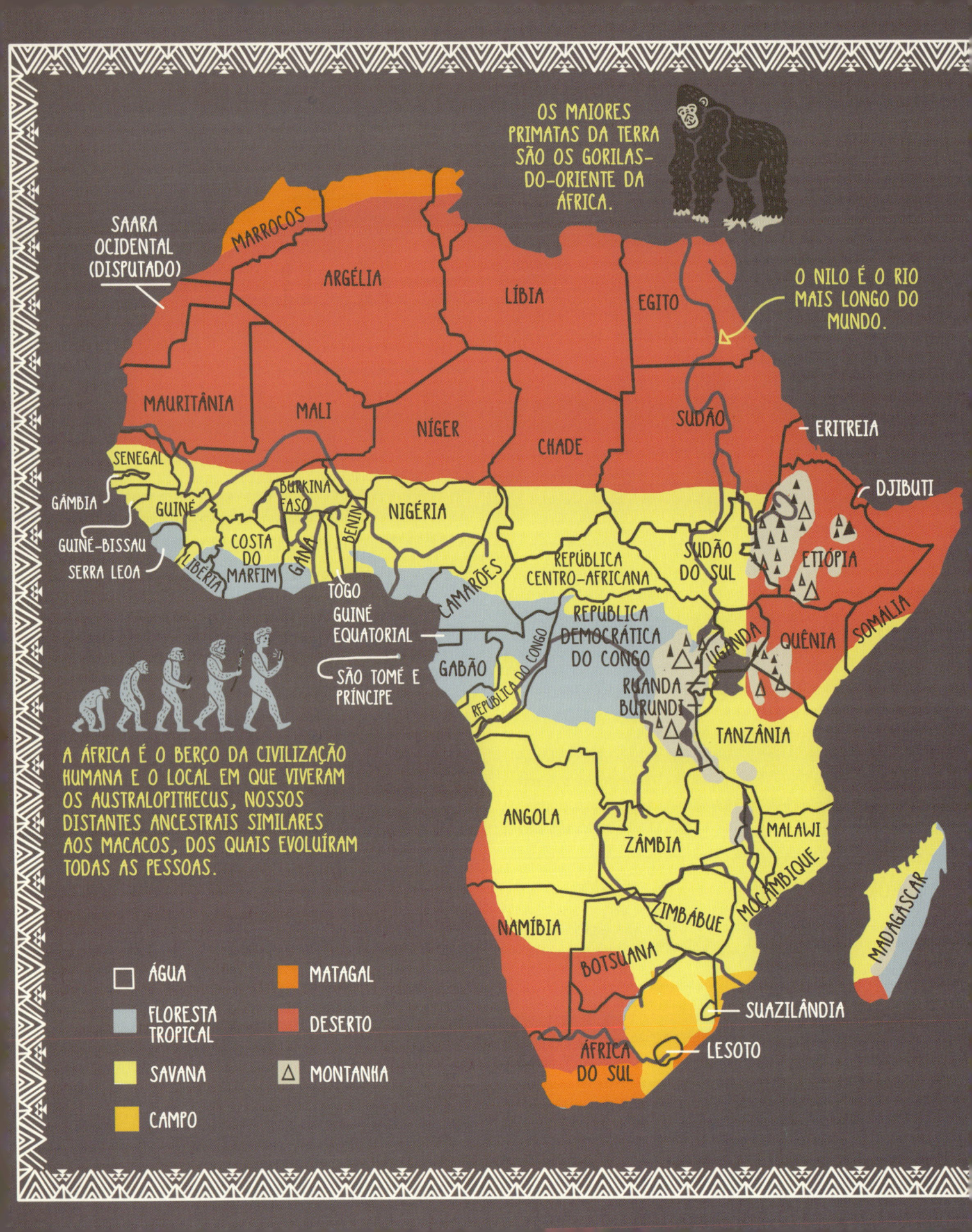

ÁFRICA

A África é o local de surgimento da humanidade. Ao longo de mais de 6 milhões de anos, os seres humanos evoluíram de nossos ancestrais similares aos macacos até o *Homo sapiens* que somos hoje, com grande cérebro e caminhando em 2 pernas. Fósseis de nossos ancestrais que viveram de 6 milhões a 2 milhões de anos atrás foram encontrados apenas na África, e os cientistas acreditam que a maior parte da evolução humana aconteceu nesse continente.

Como o segundo maior continente da Terra, a África contém algumas das maiores regiões selvagens. É também um local de grandes contrastes. Gorilas poderosos perambulam pelo Congo, na segunda maior floresta tropical da Terra. Camelos atravessam as areias do Saara, o maior deserto quente do mundo. Em outra parte da África, leões, zebras e gnus viajam pelo Serengeti em uma das mais magníficas migrações animais do planeta.

A África é conhecida por seus recursos naturais, como metais preciosos, pedras preciosas e minérios, que são extraídos e exportados para todo o mundo. Do século XVII ao XIX, os europeus colonizaram violentamente o continente em busca de terra e recursos, e foi apenas nos anos 1950 que começou o desmantelamento da África colonial. Conforme os países conseguiam a independência, também começou a haver uma luta pela igualdade civil em muitos desses Estados pós-coloniais, como o combate ao regime racista do *apartheid* na África do Sul. A história do colonialismo afetou muito a política, o uso da terra e as fronteiras dos 54 países diferentes que formam a África hoje.

Do Cairo à Cidade do Cabo, a África tem grandes cidades e muitas culturas diferentes. Enquanto o comércio e a economia são fortes em algumas regiões, muitas áreas desse grande continente ainda são subdesenvolvidas. Alguns dos países mais pobres do mundo estão na África, e com a pobreza vêm a caça ilegal, a exploração de madeira e a destruição de ecossistemas importantes. A luta pelo nosso meio ambiente caminha junto com a ajuda a comunidades com poucos recursos, para criar economias sustentáveis com acesso a educação, energia e alimento.

FLORESTA TROPICAL DO CONGO

A densa folhagem da floresta tropical do Congo se alonga para o oeste a partir do centro da África até o oceano Atlântico, abrangendo 6 países. Gorilas, elefantes e búfalos podem ser encontrados nessa floresta de vegetação rasteira. Ela é repleta de vida selvagem, e, quando tantos animais e plantas partilham o espaço, a competição pelos recursos é inevitável.

Nas florestas tropicais lotadas, as plantas disputam o espaço, usando diversas adaptações para sobreviver. Algumas têm seiva venenosa que afasta os predadores. Outras dependem de animais como javalis e macacos, que comem os frutos e depois evacuam as sementes em seu caminho, permitindo que a planta se espalhe pela floresta; ou usam seus espinhos afiados e cepas fortes para se impulsionar e subir até a luz do sol. Em apenas 1 hectare de terra nas florestas do Congo, existem mais de 1.000 árvores.

Nessa densa e extensa floresta, as árvores liberam oxigênio e vapor de água no processo de transpiração. Esse vapor forma nuvens e, depois, retorna como chuva, de modo que 95% da chuva da floresta vem diretamente da transpiração das plantas. Grandes tempestades inundam o chão da floresta, fluindo para os milhares de rios que se entremeiam pela selva, criando poderosas cachoeiras e, por fim, chegando ao oceano Atlântico. O mundo depende desse ecossistema poderoso e úmido. Um terço de todo o oxigênio do planeta é produzido pelas florestas tropicais do mundo inteiro, e, como a segunda maior da Terra, a floresta do Congo com certeza merece o título de "pulmão da África".

MAIORES BENEFÍCIOS

Ela abriga **75 milhões de pessoas** cuja economia depende desse rico ecossistema. As árvores densas regulam o clima e adicionam oxigênio à atmosfera da Terra, o que ajuda a combater as **emissões de carbono**. Elas também **fornecem madeira** usada ao redor do mundo. Essa floresta também abriga muitos animais que não são encontrados em nenhum outro lugar, como os **bonobos** (ou chimpanzés-pigmeus) e os **gorilas**.

O **Parque Nacional Virunga**, localizado na floresta tropical do Congo, é o parque nacional mais antigo da África, criado em 1925.

Existe um brilho no chão da floresta do Congo que é chamado de **"fogo de chimpanzé"** pelos moradores locais. Ele é criado por uma enzima especial produzida por um fungo que come folhas mortas.

O turismo para ver **gorilas** arrecada fundos usados para proteger a floresta tropical e criou novas oportunidades econômicas para as comunidades locais.

Seu clima único significa que a floresta tropical do Congo tem mais **tempestades elétricas** que qualquer outro lugar da Terra. Ela é atingida por 100 milhões de raios por ano.

Os **elefantes da floresta** criam uma rede de trilhas pelas profundezas da selva até clareiras especiais com pequenos lagos onde eles se encontram, socializam e comem o sal que está embaixo da lama.

MAIOR AMEAÇA

A **caça ilegal** aos animais da floresta para consumo da carne está levando os animais em risco à beira da extinção. Grupos de conservação estão trabalhando com os 6 países da região para acabar com a **danosa extração** de madeira combustível e criar mais áreas protegidas de floresta tropical. Algumas das comunidades mais pobres da África vivem na floresta ou perto dela e, quando passam por estresse econômico, apelam para a **caça ilegal** e a **mineração** ou **extração não sustentáveis** de madeira. **Lidar com o problema da pobreza** está associado com a conservação. A selva precisa ser usada de um modo que preserve seus recursos para as futuras gerações.

ECOSSISTEMA DA
SAVANA AFRICANA

Você já ouviu o som de 1 milhão de gnus correndo? Ou o rugido dos leões que os caçam? Na savana africana acontece uma das maiores migrações anuais de animais do mundo: 1,5 milhão de zebras, elefantes, gazelas, girafas e outros herbívoros migram em busca de pasto novo. Viajando em um *loop* gigante de 2.900 km, esses animais passam pela Tanzânia e pelo Quênia, cruzando o Serengeti. Os consumidores primários são seguidos pelos predadores: guepardos, leões e hienas. Pássaros, insetos e lagartos também aproveitam essas migrações, capturando insetos que vivem na pele dos animais maiores.

A savana africana é um campo pontuado por árvores e se estende por cerca de metade do continente. A vida dos animais da savana é sintonizada com as estações úmida e seca, e depende delas. Na estação chuvosa, grandes pântanos ficam repletos de hipopótamos e pássaros aquáticos. Na estação seca, partes da savana explodem em chamas, com incêndios naturais que queimam uma área tão grande quanto a Grã-Bretanha. Esses incêndios são uma parte necessária da manutenção do ecossistema, estimulando o crescimento de grama nova. Os animais que pastam – entre eles o maior mamífero terrestre do mundo, o elefante-africano – se movem com as estações. As fêmeas viajam em grupos familiares próximos, liderados pela mais velha. Os elefantes são muito inteligentes e se lembram dos bons lugares para pastar e chafurdar na lama em suas faixas territoriais. Essas são apenas algumas das muitas maravilhas animais que podem ser vistas na savana africana.

Partes da savana são fertilizadas pela cinza vulcânica dos vulcões ativos da África, como o Monte Nyiragongo, na República Democrática do Congo.

A migração dos gnus acontece no sentido horário todos os anos.

As zebras-de-grant não soam como cavalos; elas fazem sons de latido parecidos com os dos cães.

Os elefantes podem sentir vibrações com o tecido macio e esponjoso de seus pés. Eles pisoteiam o chão para alertar outros elefantes distantes quando um predador se aproxima.

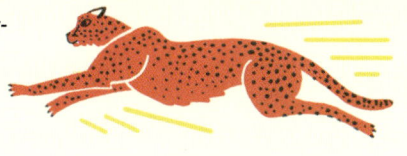

Um guepardo pode correr a até 112 km por hora para pegar sua presa.

MAIORES BENEFÍCIOS

A savana africana tem uma abundância impressionante de animais. Apenas na região geográfica de Serengeti, existem mais de 3 mil leões, 1,7 milhão de gnus, 250 mil zebras e cerca de 500 mil gazelas. Todos esses animais geram muitas fezes, que fertilizam o solo naturalmente conforme eles migram pela savana. Os campos que sustentam tanta vida selvagem também alimentam as pessoas, com um solo rico em nutrientes que permite a agricultura e a criação de animais.

MAIOR AMEAÇA

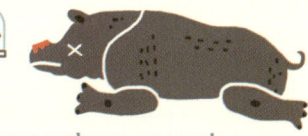

A caça ilegal ameaça os animais em risco, como os elefantes-africanos e os rinocerontes-negros. As temperaturas crescentes provocadas pelo aquecimento global impedem a ocorrência de chuva durante a estação úmida e estendem as estações secas, dificultando o crescimento de grama nova. Além disso, construções mal planejadas interrompem as rotas naturais de migração de muitos animais. Felizmente, o Parque Nacional de Serengeti, na Tanzânia, continua a ser protegido, ajudando a manter uma das maiores migrações animais do mundo. Mas é necessário trabalhar mais para acabar com a caça ilegal e proteger o resto da savana.

ECOSSISTEMA DO
DESERTO DO SAARA

Já houve um tempo em que a África do Norte era repleta de vida, rica em florestas e lagos e com uma abundância de animais vagando pelos grandes campos gramados. Agora ela é dominada pelo Saara, que cobre 1/3 de todo o continente. Lá chove 1 ou 2 vezes por ano, e essa água rapidamente se evapora no ar. Salpicado com dunas de areia e rochas secas e rachadas, o Saara é vasto, quente e perigoso. Os poucos animais que se adaptaram para viver nesse ambiente áspero são répteis, insetos e roedores especializados que, noturnos, vivem sob o solo, afastados do sempre presente sol. A formiga *Cataglyphis bombycina* é o único animal que pode sobreviver no calor do meio-dia no Saara, mas só pode suportar 10 minutos antes de ser cozida viva.

A maioria dos cientistas acredita que essa área, outrora exuberante, tornou-se um deserto há mais de 6 mil anos após uma leve mudança na inclinação do eixo da Terra. Isso fez com que o sol atingisse a África de um novo ângulo, elevando a temperatura e secando a terra. A mudança climática foi rápida demais para que a maioria das plantas e animais sobrevivesse. Sem plantas para criar umidade, o deserto continuou a se expandir até ficar do tamanho dos Estados Unidos. Agora tudo o que sobrou são árvores petrificadas, artefatos de pedra e antigas gravações na rocha que mostram os animais que já vagaram pela África do Norte. Existem também raros oásis deixados por lagos antigos. Sem muitas plantas ou animais para criar solo, o deserto continua a se expandir, o que é agravado pelas estações secas e pela terra mal manejada. Os conservacionistas estão trabalhando juntos para combater a expansão da desertificação na região.

MAIORES BENEFÍCIOS

Os oásis permitem que as caravanas humanas passem de um lado do Saara ao outro, além de fornecerem alimento e água para muitas aves migratórias, como a andorinha-de-pescoço-vermelho. O Saara também é rico em minerais como fosfatos e minério de ferro, extraídos e exportados para o mundo todo. Naquele que já foi o maior lago do mundo, ainda restam depósitos de algas secas e minerais. Eles são levados pelo vento através do oceano até a América do Sul, onde ajudam a fertilizar a floresta tropical amazônica.

A planta da ressurreição chamada rosa de Jericó pode permanecer dormente por anos como uma erva com aparência de morta. Se for exposta a água suficiente, ela desabrocha, liberando suas sementes antes de secar de novo.

Os oásis do Saara podem sustentar palmeiras, samambaias, peixes e até crocodilos no meio do deserto.

Os camelos, chamados de "navios do deserto", podem passar vários meses sem beber água, mas não conseguem sobreviver no deserto sem uma pessoa para guiá-los até um poço ou oásis.

OS ÓRGÃOS CONSERVAM ÁGUA

A CORCOVA ARMAZENA GORDURA

Quando há uma avalanche nas dunas de areia, ela causa um zumbido que pode ser ouvido a 10 km de distância.

SOU UMA CANTORA!

HMMMMMM

MAIOR AMEAÇA

A desertificação e a expansão do Saara são uma ameaça sempre presente para o resto da África. No Sahel, a área de transição entre o deserto e os campos, governos, ecologistas e fazendeiros locais estão trabalhando para desacelerar a expansão, usando técnicas tradicionais de manejo de terra e plantando árvores entre as lavouras para criar uma rede de cultivo que mantenha a água no solo. Isso age como uma barreira natural que bloqueia a expansão do deserto. As comunidades locais agora estão usando árvores como combustível e madeira sem matá-las. A maior parte desse trabalho tem sido feita no Vale Zinder, no Níger, que em 2004 atingiu o ponto mais verde em 50 anos. Os conservacionistas acreditam que, se difundirem essas técnicas, poderão impedir a expansão do deserto por toda a África.

MINERAIS

ECOSSISTEMA DO
CABO DA ÁFRICA

Flores coloridas cobrem o campo até onde a vista alcança no Cabo da Boa Esperança, na ponta sul da África. Um dos maiores reinos florais do mundo, esta pequena área tem 8.500 tipos diferentes de plantas. Duas correntes oceânicas muito diferentes se encontram para criar o clima que torna esse ecossistema possível: a quente e poderosa Corrente das Agulhas, vinda do Índico, e a fria Corrente de Benguela, vinda do Atlântico. As temperaturas do oceano afetam o clima e o tipo de animais e plantas que podem viver em uma área. Quando 2 correntes diferentes e fortes se encontram, elas criam um microclima, que permite que muitas plantas diferentes vivam em um lugar. A fria Corrente de Benguela cria um nevoeiro sobre o matagal do deserto do Cabo. Enquanto isso, a quente Corrente das Agulhas, uma das mais fortes do mundo, movimenta águas tropicais quentes e causa precipitação, o que contribui para a chuva de verão na costa sudeste da África. Sua abundante vida vegetal sustenta mais de 250 espécies de aves e mamíferos, como as zebras-da-montanha-do-cabo e os babuínos.

As águas quente e fria de cada lado do Cabo da África do Sul sustentam muitos tipos diferentes de vida marinha do mundo inteiro. Uma grande quantidade de peixes significa muita comida para os predadores oceânicos. Existem tantos peixes que o Cabo atrai a maior população de grandes tubarões-brancos do mundo e "supercardumes" com milhares de golfinhos, todos prontos para fazer uma bela refeição. Sem essas 2 correntes poderosas, o Cabo não teria a biodiversidade ou a beleza pelas quais é famoso.

Existem apenas 6 reinos florais no mundo, e eles geralmente têm o tamanho de continentes. Mesmo sendo apenas 6% da África do Sul, o Cabo da Boa Esperança tem tantas espécies de flores que é considerado um reino floral.

Cardumes gigantes de sardinhas nadam pela costa do Cabo na fria Corrente de Benguela. Querendo evitar as águas quentes da Corrente das Agulhas, eles ficam presos entre as 2 correntes. Isso permite que baleias, tubarões, golfinhos, pássaros marinhos e focas ataquem essa bola de peixes, em um enorme banquete.

O ar frio da Corrente de Benguela sustenta animais incomuns, como os pinguins-africanos.

Os escaravelhos dormem dentro de flores para evitar o frio ar noturno do Atlântico.

MAIORES BENEFÍCIOS

O Cabo da África foi considerado Patrimônio Mundial pela Unesco por sua incrível biodiversidade. O sistema de correntes oceânicas traz muita vida marinha para a área e é uma importante rota migratória para os grandes predadores oceânicos. Essa área também é uma importante fonte de pesca comercial para as pessoas da África do Sul.

MAIOR AMEAÇA

A Cidade do Cabo é a segunda maior cidade da África do Sul, e conforme a população urbana cresce, também aumenta a

construção de represas que perturbam o fluxo natural da água e pressionam a vida selvagem. Mais de 1.700 espécies de plantas da região estão em risco de extinção, e 26 espécies de flores já foram extintas. Para proteger a área, os grupos de conservação trabalharam com o governo local para criar o Parque Nacional Table Mountain e promover o ecoturismo.

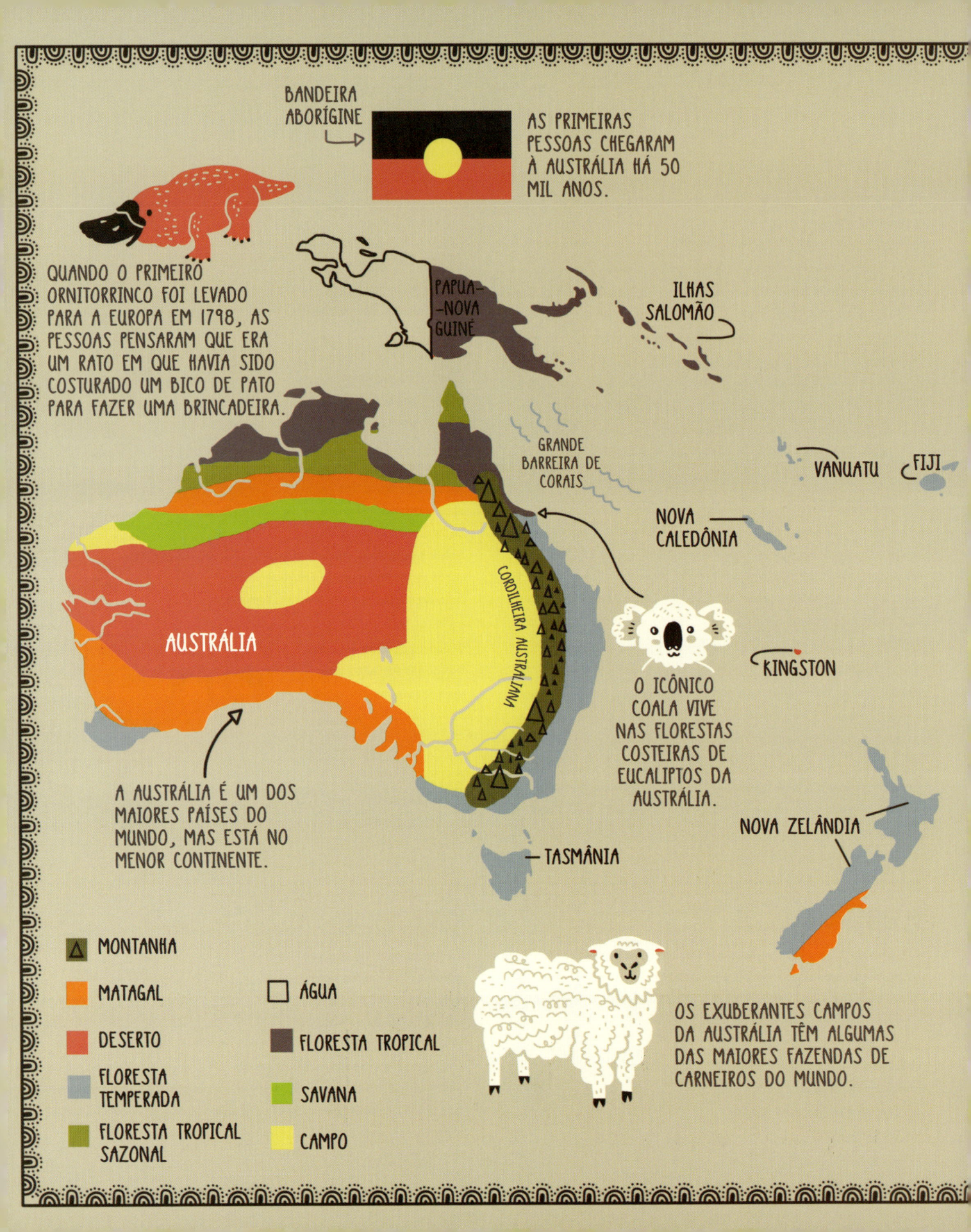

BANDEIRA ABORÍGINE

AS PRIMEIRAS PESSOAS CHEGARAM À AUSTRÁLIA HÁ 50 MIL ANOS.

QUANDO O PRIMEIRO ORNITORRINCO FOI LEVADO PARA A EUROPA EM 1798, AS PESSOAS PENSARAM QUE ERA UM RATO EM QUE HAVIA SIDO COSTURADO UM BICO DE PATO PARA FAZER UMA BRINCADEIRA.

PAPUA-NOVA GUINÉ

ILHAS SALOMÃO

GRANDE BARREIRA DE CORAIS

VANUATU

FIJI

NOVA CALEDÔNIA

CORDILHEIRA AUSTRALIANA

AUSTRÁLIA

O ICÔNICO COALA VIVE NAS FLORESTAS COSTEIRAS DE EUCALIPTOS DA AUSTRÁLIA.

KINGSTON

A AUSTRÁLIA É UM DOS MAIORES PAÍSES DO MUNDO, MAS ESTÁ NO MENOR CONTINENTE.

NOVA ZELÂNDIA

TASMÂNIA

MONTANHA

MATAGAL

DESERTO

FLORESTA TEMPERADA

FLORESTA TROPICAL SAZONAL

ÁGUA

FLORESTA TROPICAL

SAVANA

CAMPO

OS EXUBERANTES CAMPOS DA AUSTRÁLIA TÊM ALGUMAS DAS MAIORES FAZENDAS DE CARNEIROS DO MUNDO.

AUSTRALÁSIA

A Australásia é formada pela Austrália e pelas ilhas próximas. Ela é parte da região política e geográfica mais ampla chamada Oceania, que se estende da Papua Ocidental ao Havaí. A Austrália, a maior massa de terra nessa área, tem sido chamada de "a última das terras", "o continente mais antigo" e "a última fronteira".

Embora essa região não seja realmente o mais velho do mundo, muitas de suas belas e acidentadas paisagens parecem intocadas pelo tempo por causa do seu isolamento. Durante 50 milhões de anos, os animais e as plantas da Austrália estiveram separados do resto do mundo por um vasto oceano. Como em outras ilhas, a vida selvagem teve liberdade para evoluir e competir entre si de maneiras únicas. Só lá há mamíferos que põem ovos: o engraçado ornitorrinco e 4 espécies de equidnas. Marsupiais, como o canguru e o coala, são abundantes. Ao contrário dos outros mamíferos, os marsupiais evoluíram para manter seus filhotes em desenvolvimento não dentro do corpo, mas em uma bolsa externa. Existem muitos pássaros interessantes e de aparência estranha, como o colorido casuar, que muitas pessoas acham que parece um velociraptor por causa de suas garras afiadas e do "capacete" coberto de pele no alto de sua cabeça.

A Austrália é famosa por seu *outback*, a região selvagem pouco povoada que abriga a maior savana intacta do mundo, mas também tem florestas costeiras exuberantes e recifes de coral. Quando a colonização europeia da Austrália começou, em 1788, também começou o enorme desflorestamento do continente. A extração de madeira das florestas nativas continua, e muitos de seus animais endêmicos, como o coala, estão vulneráveis por causa do desenvolvimento não sustentável. Agora os grupos de conservação e os ecologistas estão trabalhando duro para proteger a vida selvagem e o ambiente únicos da Austrália.

ECOSSISTEMA DA
SAVANA AUSTRALIANA

A maior savana intacta do mundo se situa no norte da Austrália e faz parte do vasto *outback* australiano, o qual compõe a maior parte da Oceania, mas abriga apenas cerca de 5% de seus 24 milhões de habitantes. Os campos da savana são formados por 6 regiões diferentes, onde se encontram algumas das espécies selvagens mais incomuns do mundo.

Como a Austrália é separada dos outros continentes pelo oceano, sua vida selvagem isolada evoluiu de maneiras únicas. Os marsupiais, como os cangurus-vermelhos e wallabies, mantêm seus bebês em desenvolvimento perto do corpo em uma bolsa externa. Esses filhotes podem colocar a cabecinha para fora enquanto as mães pastam na savana. Os misteriosos *Amitermes meridionalis* usam a grama para construir estruturas gigantescas em forma de monte, da altura de uma pessoa, todas em um eixo norte-sul incrivelmente exato. Um dos animais mais conhecidos da Austrália é o grande emu, uma ave que não voa. Mais parecidas com seus ancestrais dinossauros que a maioria das outras aves, elas têm 1,8 m de altura, sibilam alto para os predadores e correm pelos campos a uma velocidade de até 48 km/h. A savana tem sido chamada de "ecorregião global" porque possibilita aos cientistas uma compreensão da biodiversidade em uma escala global.

Antigos fluxos de lava criaram a famosa Great Basalt Wall (grande muralha de basalto) e o labirinto de cavernas dos Tubos de Lava de Undara.

O diamante-de-gould da savana australiana é considerado um dos mais belos pássaros do mundo.

Os dingos são cães selvagens australianos que caçam coelhos, wallabies e até cangurus.

AI, NÃO!

Os grupos de cangurus são chamados de "bandos". Em inglês, as fêmeas dos cangurus são chamadas de "flyers", os machos de "boomers" e os filhotes de "joeys".

Há milhões de anos, os ancestrais do emu podiam voar. Os cientistas acham que, depois da extinção dos dinossauros, essas aves não tinham predadores e podiam conseguir mais alimentos. Elas começaram a aumentar de tamanho e, depois de muitas gerações, a evolução seguiu seu curso e as aves ficaram pesadas demais para voar.

OI! ESTOU ANDANDO POR AQUI!

MAIORES BENEFÍCIOS

Os campos em todo o mundo fornecem pasto abundante e terras para lavoura. Enquanto cerca de 70% deles estão sob a

pressão do desenvolvimento humano, a savana tropical australiana permanece praticamente intacta. Esses campos fornecem um solo rico para a lavoura e algumas das maiores áreas de pastagem para gado da Austrália. A savana também abriga muitas comunidades aborígines que continuam a manter suas ricas tradições culturais e o cuidado da terra. As pessoas que vivem na savana dependem da terra para sua subsistência.

MAIOR AMEAÇA

O uso excessivo como pasto e as espécies animais invasoras prejudicam os campos. Mas o aquecimento global é a maior ameaça para a savana australiana. Como todos os campos, ela precisa ter ciclos de incêndios naturais. Conforme as temperaturas globais sobem, as estações secas se estendem, o que significa mais grama seca, que é um combustível para os incêndios. Incêndios grandes e fora de controle no final da estação estão ameaçando campos e matagais de todo o mundo. Os conservacionistas estão trabalhando com as comunidades aborígines da Austrália para manejar a terra e tentar evitar os incêndios no final da estação seca.

FLORESTA TEMPERADA DA TASMÂNIA

Há cerca de 180 milhões de anos, os dinossauros dominavam a Terra no supercontinente chamado Gondwana. Com o tempo, Gondwana se separou, criando a Austrália, outro continente e ilhas no hemisfério sul. Muitas árvores, musgos e invertebrados que viviam junto dos dinossauros – chamados de "fósseis vivos" – ainda são encontrados nas florestas da Tasmânia. As florestas temperadas da Tasmânia são parte do Patrimônio Mundial da Unesco por sua conexão única com o passado.

A Tasmânia é uma pequena ilha-estado da Austrália, mas, apesar de seu tamanho, abriga 8 biomas diferentes. A tranquila e fresca floresta cobre 10% da Tasmânia e é uma das regiões selvagens de Gondwana mais intocadas e inalteradas do mundo. Muitas das flores e árvores, como o raro arbusto *Lomatia tasmanica*, crescem na Tasmânia há mais de 60 milhões de anos. Aqui, as *Eucalyptus regnans* crescem até 90 m de altura, rivalizando com as árvores da floresta de sequoias. O musgo verde e macio cobre o chão da floresta, e fungos azuis e vermelhos semelhantes a corais salpicam a paisagem.

A floresta também abriga invertebrados antigos, como os onicóforos, que existem há 300 milhões de anos, desde antes do surgimento dos insetos na Terra. Eles caçam em bandos, como os lobos, e capturam suas presas soltando jatos de limo pegajoso de seus rostos! A Tasmânia também abriga alguns marsupiais fofos – como o *Thylogale* (que parece um canguru em miniatura), o pequeno gato-tigre e, é claro, o famoso diabo-da-tasmânia. Ainda existe muito a ser descoberto na floresta temperada da Tasmânia, e até hoje as pessoas estão encontrando e nomeando novas espécies de vida selvagem.

MAIORES BENEFÍCIOS

As grandes e densas árvores da floresta temperada da Tasmânia ajudam a **produzir oxigênio** e **precipitação** na área. Ela também abriga recursos naturais únicos, como a *Lagarostrobos franklinii*, que tem madeira amarelo-dourada, e a *Dirca palustris*, da qual os apicultores dependem para produzir um **mel** especial.

Os **vombates** gostam de construir suas tocas perto de riachos na floresta e são famosos por suas **fezes em forma de cubo**.

O **lobo-da-tasmânia** era o maior marsupial carnívoro e surgiu há 23 milhões de anos. Infelizmente, as pessoas os viam como uma ameaça aos animais de criação e os caçaram até a **extinção** nos anos 1930.

O **Patrimônio Mundial da Unesco** cobre 20% da Tasmânia e é formado por 19 diferentes parques nacionais ou áreas de conservação.

O famoso **diabo-da--tasmânia** recebeu esse nome por causa de seus gritos e grunhidos agudos.

SCREEEECH

MAIOR AMEAÇA

A maior parte da floresta temperada da Tasmânia está protegida, mas o aumento dos **incêndios** provocados pela **mudança climática** e pelo **excesso de extração de madeira** nas áreas não protegidas ameaçou seu ecossistema. Ao contrário das florestas de sequoias, esta não pode suportar incêndios. Os estudos mostram que florestas das quais se extraiu madeira nos últimos 40 anos têm incêndios mais catastróficos que as intocadas. Isso significa que é crucial manter ecossistemas intactos ao redor dos Patrimônios Mundiais da Unesco.

GRANDE BARREIRA DE CORAIS

Nas águas azul-turquesa da costa oriental da Austrália está a maior estrutura viva do mundo, a Grande Barreira de Corais. Três mil estruturas de corais criaram um colosso colorido do tamanho do Japão, que pode parecer uma deslumbrante floresta subaquática, mas na verdade é formado por milhares de animais minúsculos chamados pólipos de corais, criaturas claras, noturnas e esponjosas com tentáculos minúsculos, que secretam carbonato de cálcio para criar o esqueleto duro da estrutura dos recifes.

Eles têm um relacionamento codependente com sua fonte de alimento, uma alga microscópica chamada zooxantela, que vive dentro deles e realiza fotossíntese, dando aos recifes suas cores vivas características. Por meio da zooxantela, um coral recebe energia, oxigênio e nutrientes essenciais.

A Grande Barreira de Corais compreende mais de 600 tipos diferentes de corais, criando túneis coloridos e torres de diversos tamanhos e formas. Todos esses recantos e fendas criam hábitats convidativos para milhares de outras plantas e animais marinhos. Cardumes de peixes tropicais, cavalos-marinhos, arraias, tubarões, baleias e até aves marinhas que voam acima disso tudo dependem da Grande Barreira de Corais, o que faz dela o ecossistema com mais biodiversidade de todo o oceano. De fato, os recifes ao redor do mundo constituem apenas 0,1% dos ecossistemas do oceano, mas sustentam 25% de toda a vida marinha da Terra.

A Grande Barreira de Corais sofreu em 2016 a pior descoloração já registrada, e passou por outra grande em 2017.

A Grande Barreira de Corais está em cima de pedra calcária, que, na verdade, são corais mortos fossilizados de milhares de anos atrás.

Junto com a cor verde da zooxantela, as cores vivas do coral são causadas pelos pigmentos fluorescentes de proteína. Os corais os produzem quando são expostos à luz do sol a fim de se proteger (como filtro solar!).

Você pode ver a Grande Barreira de Corais do espaço!

Os mexilhões gigantes podem pesar até 200 kg e viver mais de 100 anos.

MAIORES BENEFÍCIOS

O recife não só sustenta milhares de espécies de plantas e animais, mas seu valor ecológico está estimado em US$ 172 bilhões. Ele age como uma barreira que protege a Austrália de tempestades e furacões, e impulsiona a pesca e o turismo, que ajudam a economia da Austrália.

MAIOR AMEAÇA

O aquecimento global está provocando a descoloração dos recifes de coral no mundo inteiro. O aumento da temperatura faz com que o suprimento alimentar dos corais, a zooxantela, libere quantidades tóxicas de peróxido de hidrogênio. Isso obriga os pólipos a renunciar a seu suprimento de alimento, agora tóxico. Sem a zooxantela, o coral adquire uma cor branca fantasmagórica em um processo chamado descoloração. O coral só pode sobreviver a eventos de descoloração se a temperatura esfriar antes de ele morrer de fome. Se agirmos agora para diminuir o ritmo do aquecimento global, temos uma chance de proteger os recifes do mundo.

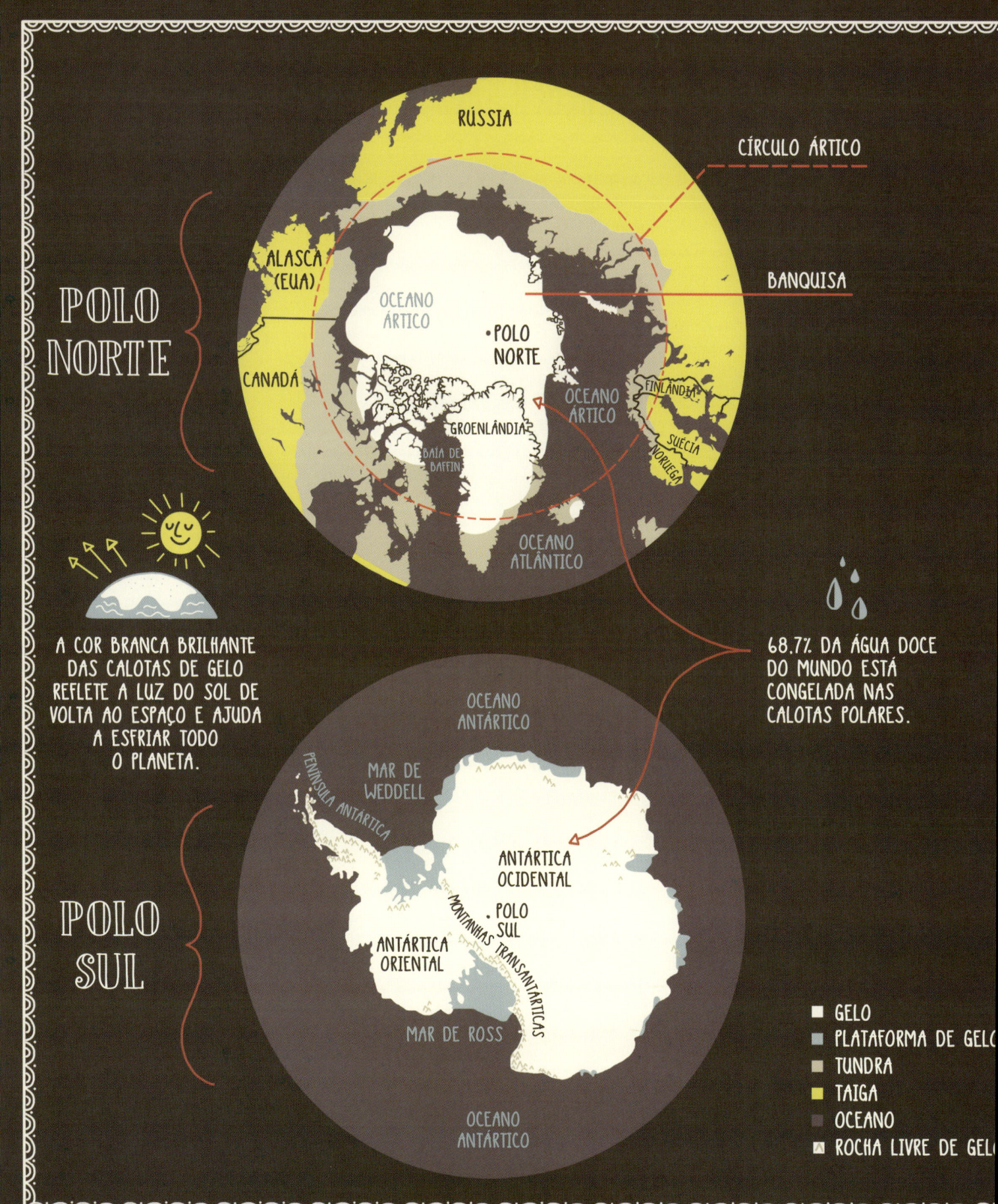

POLO NORTE

POLO SUL

RÚSSIA

CÍRCULO ÁRTICO

BANQUISA

ALASCA (EUA)

OCEANO ÁRTICO

• POLO NORTE

CANADÁ

OCEANO ÁRTICO

FINLÂNDIA

SUÉCIA

NORUEGA

GROENLÂNDIA

BAÍA DE BAFFIN

OCEANO ATLÂNTICO

A COR BRANCA BRILHANTE DAS CALOTAS DE GELO REFLETE A LUZ DO SOL DE VOLTA AO ESPAÇO E AJUDA A ESFRIAR TODO O PLANETA.

68,7% DA ÁGUA DOCE DO MUNDO ESTÁ CONGELADA NAS CALOTAS POLARES.

OCEANO ANTÁRTICO

MAR DE WEDDELL

PENÍNSULA ANTÁRTICA

ANTÁRTICA OCIDENTAL

• POLO SUL

ANTÁRTICA ORIENTAL

MONTANHAS TRANSANTÁRTICAS

MAR DE ROSS

OCEANO ANTÁRTICO

- GELO
- PLATAFORMA DE GELO
- TUNDRA
- TAIGA
- OCEANO
- ROCHA LIVRE DE GELO

AS CALOTAS POLARES

Os Polos Norte e Sul são os pontos da Terra mais distantes da linha do Equador e alguns dos lugares mais frios do planeta. Ambos enfrentam escuridão contínua durante metade do ano, e a maior parte da luz solar que atinge as calotas polares é refletida de volta ao espaço pelo branco brilhante da neve. Apesar dessas condições extremas, os mares do Ártico e a tundra da Antártica abrigam muitas espécies de vida selvagem resistente.

O Polo Sul Antártico está em um continente montanhoso rodeado pelo oceano, enquanto o Polo Norte Ártico é um oceano congelado rodeado por terra. Isso faz com que as temperaturas no Polo Sul sejam muito mais frias que no Polo Norte. A água do oceano que forma grande parte do Ártico é mais quente que a calota polar congelada e afeta a sua temperatura. Enquanto isso, o continente de terra da Antártica está mais de 2 km acima do nível do mar. Quanto mais alta a elevação, mais frio é o ar, e a da Antártica faz dela o lugar mais frio da Terra.

O aquecimento global está afetando negativamente ambos os polos. Conforme os oceanos esquentam, as calotas de gelo do norte encolhem mais a cada ano e as plataformas de gelo da calota do sul desabam. Com calotas de gelo menores, menos luz solar é refletida de volta ao espaço, o que significa que uma parte maior do oceano é exposta a – e absorve – muito mais luz solar, contribuindo para que suas águas continuem a se aquecer. A água doce que estava congelada nos grandes glaciares polares está derretendo no oceano, causando aumento global do nível do mar. Os cientistas preveem que isso afetará os padrões de clima global e as correntes de todo o oceano. Nosso trabalho é aprender mais sobre essas mudanças em nosso mundo e trabalhar para preservar os ecossistemas da Terra.

ECOSSISTEMA DO
CÍRCULO ÁRTICO

Na parte mais ao norte do globo encontra-se o Círculo Ártico. Embora você possa dirigir um caminhão sobre a calota polar norte, ela não é terra, mas uma grossa banquisa congelada e coberta de neve branca ofuscante tão brilhante que reflete 80% da luz do sol de volta ao espaço. Uma grande área dessa banquisa permanece congelada o ano todo, mas durante o verão parte dela derrete, revelando a Passagem Noroeste. Essa rota marítima é uma das rotas comerciais mais procuradas do mundo, e as disputas pelo direito de usá-la criaram tensões entre muitos países.

Os invernos no Círculo Ártico podem atingir temperaturas de até –50 °C (*brrr!*), mas, apesar do clima frio, os mares do Ártico e as massas de terra que os rodeiam estão repletos de vida. O urso-polar talvez seja o animal mais icônico do Ártico, vivendo e caçando na banquisa. Mas esse superpredador é apenas o topo da cadeia alimentar. De aves marítimas a leões-marinhos, existe uma abundância de vida animal, como lebres-árticas, papagaios-do-mar e orcas. Muitos se camuflam como método de sobrevivência, como a raposa-do--ártico, que é marrom no verão e se torna branca no inverno para se camuflar na neve. Enquanto isso, as focas passam de brancas para marrom-escuro conforme crescem para se esconder melhor nas águas escuras do oceano.

Durante a estação quente, animais do mundo inteiro migram para o Ártico para se banquetear com o florescer de algas e de fitoplâncton. Do fornecimento de alimentos ao controle climático, o Círculo Ártico é um dos recursos mais importantes para preservar a vida em todo o planeta.

A medida da quantidade de luz solar refletida pela neve é chamada de "albedo". Esse calor refletido é tão forte que muitas vezes se parece com uma miragem de calor.

As baleias-cinzentas migram das águas quentes do México para o oceano Ártico para se banquetearem com seus peixes durrante o desabrochar das algas no verão.

A aurora boreal no Ártico é causada pelos ventos solares que interagem com o campo magnético do Polo Norte.

Os ursos-polares na verdade têm pele preta e pelagem transparente. Seus pelos ocos de proteção refletem a luz solar e os deixam tão brancos quanto a neve que os rodeia.

Por causa da inclinação do eixo da Terra, o Ártico tem dias com 24 horas de escuridão (chamados de "noites polares") no inverno e dias com 24 horas de luz solar (chamados de "dias polares" ou de "sol da meia-noite") no verão.

MAIORES BENEFÍCIOS

O Círculo Ártico é abundante em vida marinha. Essa enorme quantidade de peixes fornece alimentos não só para outros animais, mas também para pessoas. Os peixes pescados nos mares do Ártico são comidos no mundo inteiro.

O Ártico também é rico em minerais: abaixo do leito oceânico e na terra congelada que o rodeia está um dos maiores campos de petróleo do mundo e 30% do total de gás natural inexplorado da terra. Mas o maior benefício provavelmente é o modo como a neve brilhante reflete a luz do sol, esfriando toda a Terra e regulando o clima global.

MAIOR AMEAÇA

Os efeitos do aquecimento global podem ser vistos mais dramaticamente no Ártico. A quantidade de banquisa que permanecia congelada o ano inteiro está encolhendo. Conforme as temperaturas globais aumentam, a água doce congelada nos glaciares durante séculos derrete no oceano. Isso aumenta o nível do mar, afetando ilhas e cidades costeiras. Com o encolhimento das calotas polares, o planeta vai ficar mais quente. Precisamos agir agora para interromper as emissões nocivas de CO_2 ou algum dia podemos nos sentir como um urso--polar flutuando em um *iceberg* que está encolhendo.

ECOSSISTEMA DA
TUNDRA ANTÁRTICA

Quando você pensa em um deserto, provavelmente imagina um lugar quente e arenoso com clima seco. Mas o lugar mais seco da Terra também é o mais frio: a massa de terra da Antártica, ao redor do Polo Sul. Essa paisagem estéril tem sido descrita como o fim do mundo e, embora não seja um local hospitaleiro para os seres humanos, sua costa é cheia de vida que depende da mudança das estações e das áreas de banquisa circundantes.

Há mais de 170 milhões de anos, a Antártica era parte do supercontinente de Gondwana, onde vagavam os dinossauros. No decorrer de milhões de anos, a região se separou e se transformou no continente congelado que conhecemos hoje. Recentemente, os cientistas descobriram fósseis de árvores antigas na Antártica, o que significa que há milhões de anos ela tinha florestas cujas árvores evoluíram para suportar períodos de 6 meses de escuridão quase completa. Os fósseis e os profundos reservatórios de água subterrâneos nos dão uma ideia de como era a antiga Antártica.

Atualmente, a Antártica virou sinônimo de pinguins – do pinguim-macaroni com suas sobrancelhas fartas e loiras até o grande e nobre pinguim-imperador. Essas aves que não voam povoam as regiões costeiras, mas são apenas parte da complexa teia alimentar da região. Como no Ártico, as algas congeladas são a base da cadeia alimentar. No verão, o gelo derrete e o fitoplâncton floresce, o que alimenta enormes quantidades de *krill*. Isso atrai uma migração de aves marinhas, focas e baleias que transformam os mares da Antártica em um frenesi de vida.

A Antártica não pertence a nenhum país nem possui residentes humanos permanentes; só turistas e pesquisadores que lá vivem por períodos limitados. Essa é a região selvagem mais intocada do mundo. A primeira pessoa a viajar para o Polo Sul, Roald Amundsen, em 1911, descreveu a região como "um conto de fadas".

MAIORES BENEFÍCIOS

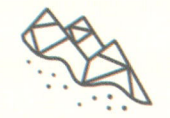

Os Polos Norte e Sul têm muito em comum. Como as algas do Ártico, as da Antártica fornecem a base da teia alimentar para animais em todo o oceano. E, como no Ártico, sua enorme superfície branca reflete a luz do sol e o calor para o espaço, ajudando a esfriar e regular o clima do planeta.

A estação de pesquisa McMurdo é o que há na Antártica de mais parecido com uma cidade. Cerca de 4 mil cientistas moram na Antártica durante o verão, e esse número cai para cerca de 1.000 durante o inverno.

Em 1959, foi assinado o Tratado da Antártica, que afirma que o Polo Sul será usado apenas para paz e ciência e que todas as descobertas serão partilhadas livremente. Atualmente 53 países fazem parte do tratado.

Muitos musgos crescem em rochas em toda a Antártica, mas só 3 tipos de plantas com flores podem sobreviver em todo o continente: *Colobanthus quitensis*, erva-pilosa-antártica e *Poa annua*.

Existem cerca de 6 milhões de pinguins-de-adélia vivendo no leste da Antártica.

Desde 1950, a península Antártica aquece 0,5 °C a cada 10 anos. Isso é muito mais rápido que a média global.

MAIOR AMEAÇA

Mesmo que nenhum ser humano more permanentemente na Antártica, as pessoas ainda têm um impacto sobre os ecossistemas. O aquecimento global está derretendo fendas na plataforma de gelo da Antártica. Em 2017, um pedaço do tamanho do estado norte-americano de Delaware se separou, formando um dos maiores icebergs já registrados. Agora ele está flutuando e derretendo no oceano. Quando o gelo quebra, toda a plataforma de gelo fica instável. Os cientistas estimam que, se todo o gelo da Antártica derretesse, os mares subiriam 60 m, inundando as regiões costeiras do mundo inteiro.

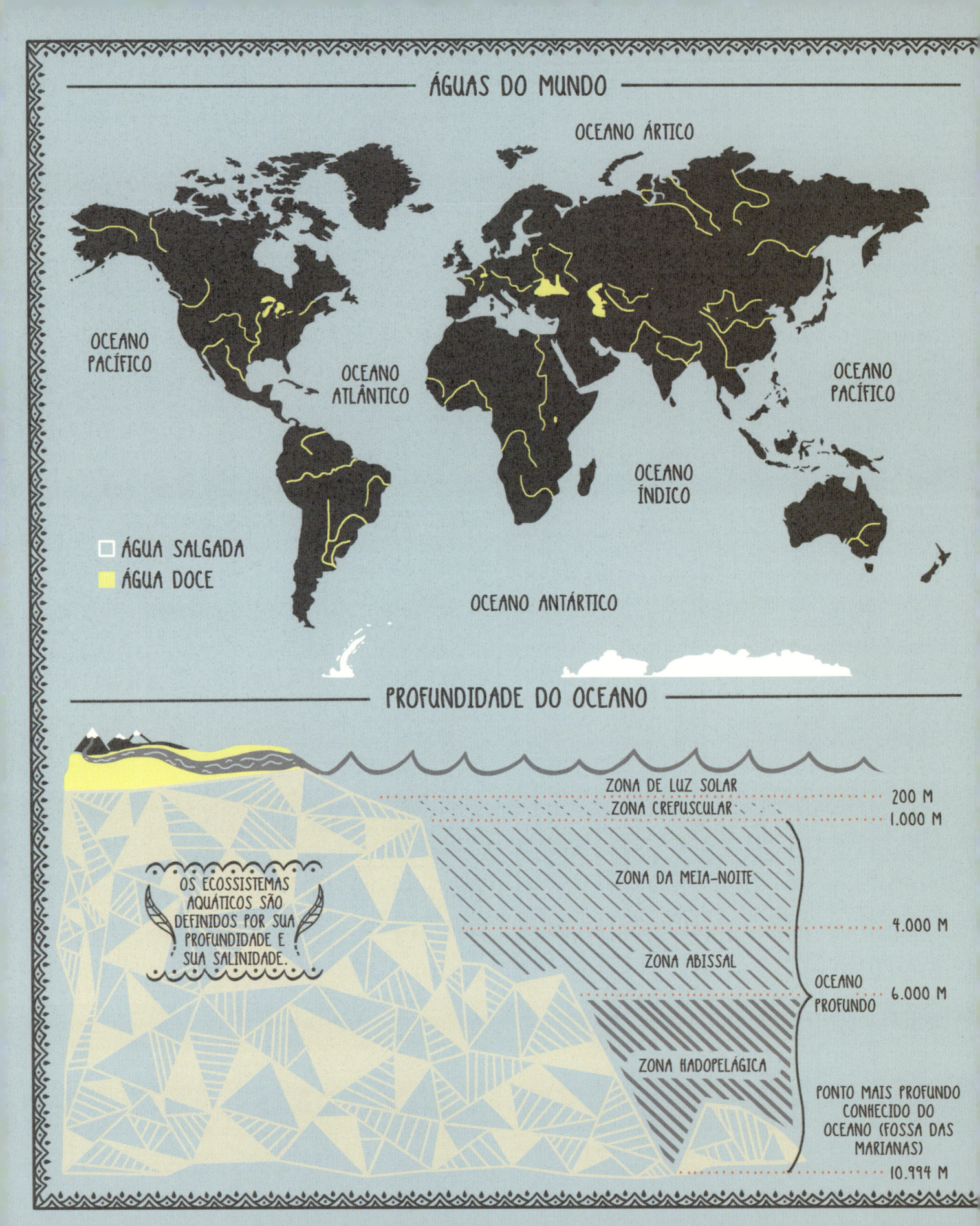

ECOSSISTEMAS AQUÁTICOS

Você já cuspiu de um prédio alto ou de uma ponte? Já chorou durante um filme triste? Bebeu um copo de água gelada em um dia quente? É claro que sim. Os seres humanos (e todos os animais e as plantas da Terra) consomem e excretam água constantemente. H_2O compõe cerca de 60% do corpo humano. As águas primordiais da antiga Terra foram o local onde evoluiu o primeiro organismo unicelular. Todos os seres vivos dependem do ciclo da água nos ecossistemas da Terra. Mesmo em lugares onde não parece haver água, animais e plantas esperam as raras chuvas, encontram poços subterrâneos ou consomem plantas para conseguir água. A bióloga marinha Sylvia Earle disse: "Mesmo que você nunca tenha a chance de ver ou tocar o oceano, o oceano o toca a cada inspiração que você faz, a cada gota de água que você bebe, a cada bocado que você ingere. Todos e tudo estão intrinsecamente conectados à existência do mar e dependem completamente dele".

Não é de surpreender que os ecossistemas aquáticos sejam alguns dos recursos mais valiosos e produtivos de todo o mundo. A abundância de vida encontrada no oceano alimenta o mundo. Todos esses peixes, plantas e animais marinhos são a base de muitas de nossas teias alimentares mundiais. Mas eles não são apenas uma fonte de alimento: as plantas em nossos ecossistemas aquáticos produzem cerca de metade do oxigênio da atmosfera da Terra. A água que evaporou dos oceanos se transforma na água doce que cai como chuva, até mesmo em alguns dos lugares mais secos do mundo. Sem os oceanos, não temos como sobreviver.

Embora oceanos, lagos e outros ecossistemas aquáticos possam parecer recursos infinitos, nosso mundo é muito menor do que você pode pensar. Com o crescimento das populações humanas, a poluição e a pesca descontrolada estão destruindo muitos de nossos importantes ecossistemas aquáticos. A água que flui por todo o mundo sustenta a vida neste planeta, e protegê-la deve ser uma de nossas maiores prioridades.

ECOSSISTEMA DO
OCEANO ABERTO

As águas abertas do oceano têm sido chamadas de "o grande deserto azul". Onde terminam as lotadas águas costeiras começa o oceano aberto, cobrindo mais de 70% da superfície do planeta. Embora a água aberta forme a maior área de superfície de nosso planeta, apenas 10% das espécies marinhas vivem ali. Não há muitos nutrientes no oceano aberto porque a matéria morta afunda até o leito oceânico para se decompor. No entanto, a superfície tem algas microscópicas chamadas de fitoplâncton, que produzem oxigênio por meio da fotossíntese. Elas são a base de quase toda a cadeia alimentar do oceano. Ocasionalmente, um afloramento ou uma tempestade trazem nutrientes do fundo do oceano até a superfície, propiciando um florescimento das algas seguido por um banquete para os animais marinhos.

Os animais que vivem no mar aberto precisam ser fortes e rápidos. Eles viajam de um lado para o outro do oceano em busca de alimento e local para acasalamento. Bons nadadores como baleias, golfinhos e tartarugas-marinhas navegam as correntes oceânicas, que funcionam como rios submarinos. Embaixo da superfície do oceano situa-se a "zona crepuscular" pouco iluminada, onde os animais evoluíram para se camuflar. Os animais diurnos que vivem nessa zona geralmente vão até a superfície para comer plantas ou vasculhar. À noite, os predadores da zona crepuscular nadam até a superfície para caçar suas presas, geralmente atraindo-as com emissões fluorescentes e bioluminescentes.

Os mares podem parecer infinitos, mas não são um recurso inexaurível. Precisamos usar os oceanos com responsabilidade se quisermos preservá-los para o futuro.

MAIORES BENEFÍCIOS

O oceano aberto é o coração pulsante do mundo inteiro. As profundas águas azuis absorvem mais de metade do calor do sol que atinge a terra, e a evaporação da água salgada é essencial para criar a chuva que distribui água doce por todo o mundo. As diferentes correntes oceânicas quentes e frias também controlam os padrões meteorológicos e o clima de todo o planeta. Ainda mais importante, a superfície da água sustenta o fitoplâncton, que produz mais da metade do oxigênio da atmosfera.

O atum-rabilho pode acelerar tão depressa quanto um carro esportivo e atingir a velocidade de 75 km/h.

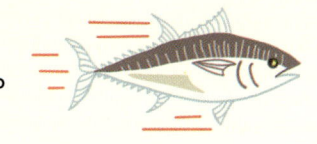

Os crustáceos e as lulas do oceano aberto têm corpos transparentes que os camuflam para se fundirem no ambiente.

O Grande Depósito de Lixo do Pacífico é uma área de oceano cheia de lixo e tem mais ou menos o tamanho do Texas. As correntes oceânicas entre os Estados Unidos e o Japão reúnem o lixo em um lugar onde ele se aglomera. Este é um dos muitos "vórtices de lixo" do oceano.

A maioria dos animais que vive no oceano profundo nunca vê terra em sua vida.

O QUE É TERRA?

MAIOR AMEAÇA

A poluição de nossos oceanos com pesticidas e derramamentos de óleo destrói os ecossistemas e causa zonas mortas como as que existem no Golfo do México e no mar Báltico.

PEIXES JOVENS

Toneladas de lixo são jogadas no oceano todos os anos, matando a vida marinha. A pesca excessiva também é um grande problema: neste momento, estamos pescando no oceano o dobro do nível que ele pode suportar. Cerca de 32% dos locais de pesca do mundo são excessivamente explorados e a quantidade de peixes está diminuindo. Porém, podemos mudar isso criando zonas protegidas no oceano, aperfeiçoando o manejo de dejetos e aplicando práticas sustentáveis de pesca.

MELANOCETUS
GRIMPOTEUTHIS
TUBARÃO-ALBAFAR
OPISTHOPROCTIDAE
FONTES HIDROTERMAIS VULCÂNICAS
GRAMMATOSTOMIA FLAGELLIBARBA
BACTÉRIAS E ARCHAEA
LULA-VAMPIRA-DO-INFERNO
POLIQUETAS
BATHYMODIOLUS THERMOPHILUS
ZOÁRCIDAE
VULCANOCTOPUS HYDROTHERMALIS
BYTHOGRAEA THERMYDRON
VERME-DE-POMPEIA
SABELLIDAE

ECOSSISTEMA DO
OCEANO PROFUNDO

Imagine um lugar em que a atmosfera é mais de 400 vezes mais pesada que no nível do mar. Não há luz do sol, e criaturas estranhas com dentes afiados, olhos imensos e corpos luminosos flutuam na escuridão. Embora possa parecer um lugar saído de ficção científica, ele está bem aqui na Terra, milhares de metros no fundo do oceano. O "oceano profundo" é a região 4.000 m abaixo da superfície do mar, uma profundidade onde a luz do sol não chega. Conforme a água fica mais profunda, seu peso exerce mais pressão. Só equipamentos especiais e submarinos podem suportar essa intensa pressão sem implodir; por isso, o oceano profundo é um dos locais mais inexplorados no mundo.

As plantas dependem da luz do sol para a fotossíntese e são a base da maioria das cadeias alimentares. Então, no passado, os cientistas supunham que, como não havia luz solar no oceano profundo, não poderia haver vida. Mas, ao explorá-lo, descobriram que na verdade ele está repleto de vida. As fontes hidrotermais no leito oceânico expelem minerais e energia vindos do núcleo da Terra. E micróbios encontrados no oceano profundo podem, por um processo chamado quimiossíntese, transformar em energia os minerais encontrados na água. Os animais marinhos dessa profundidade evoluíram para suportar suas águas geladas e sua intensa pressão. Poliquetas gigantes e outros vermes aquáticos se alimentam dos micróbios das fontes hidrotermais e são comidos por caranguejos de fontes hidrotermais. Outros animais estranhos encontrados no oceano profundo incluem o tubarão-cobra (que é um "fóssil vivo"!), o luminescente *viperfish (Sloani chaliodus)* e a lula-vampira-do-inferno. Necrófagos como o *Macrouridae* (peixe) e crustáceos chamados anfípodes comem e decompõem animais mortos que afundam até essas profundezas. Há muito a descobrir nas partes mais profundas do nosso planeta.

MAIORES BENEFÍCIOS

Existem mais **erupções vulcânicas** no leito do oceano que em qualquer outro local da Terra. Vulcões milhares de metros sob a água dispersam **energia termal** do núcleo da Terra no mundo inteiro e contribuem para a formação de **ilhas** e da superfície sempre mutável da Terra.

A cada 10 m de profundidade acrescenta-se 1 atmosfera (atm) de **pressão** ao oceano. Isso significa que a maior parte do **leito oceânico** tem o equivalente a mais de **300** atm; o ponto mais profundo de que se tem conhecimento tem mais de 1.000 atm.

O **caranguejo-aranha-gigante** é considerado o maior artrópode da Terra.

Fontes hidrotermais submarinas profundas expelem um material branco lanoso e flocado, o que significa que há bactérias vivendo embaixo da crosta da Terra.

A **Fossa das Marianas** é o ponto mais profundo conhecido do oceano, 10.994 m embaixo d'água.

É MAIS FUNDO LÁ EMBAIXO QUE A ALTURA DO MONTE EVEREST!

A **atividade vulcânica** constante significa que o leito oceânico está sempre mudando de forma.

MAIOR AMEAÇA

A **pesca excessiva** e as práticas destrutivas estão prejudicando os oceanos, e os efeitos são sentidos até nas profundezas mais remotas. A **pesca de arrasto** é um método que destrói indiscriminadamente tudo em seu caminho. Essa prática irresponsável destrói os corais do mar profundo e mata peixes que nós nem comemos, o que por sua vez afeta ecossistemas inteiros. **Não existem leis** nos mares profundos, e o **excesso de pesca** é comum. A pesca comercial no mar profundo captura peixes em áreas de desova antes de eles terem chance de se reproduzir. Isso significa menos recursos pesqueiros para os seres humanos a longo prazo.

CABECEIRAS
(A FONTE DE UM RIO)

ÁGUIA-PESCADORA

ALCE

PLANÍCIE
INUNDADA

PLANTAS
AQUÁTICAS

AFLUENTE

CANAL
DO RIO

LONTRA COMUM

PLÂNCTON
E ALGAS

MARGEM DO RIO

BOLOTAS
E FOLHAS
CAÍDAS

PATO-
CAROLINO

SINGÔNIO

LEPOMIS MACROCHIRUS

ZOOPLÂNCTON

PEIXE
PEQUENO

DELTA

OCEANO

LIBÉLULA

LAGOSTIM

SAPO

PEIXE
PEQUENO

EFEMÉRIDAS

TRUTA-
-ARCO-ÍRIS

PYLODICTIS OLIVARIS

DECOMPOSITORES

ESTUÁRIOS

LENÇOL FREÁTICO

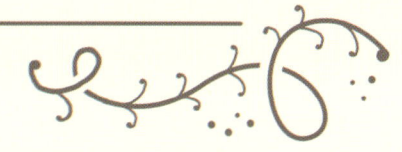

Se os oceanos são o coração do nosso planeta, então os rios são suas veias e artérias. A água doce é essencial para a maioria da vida na Terra, e grandes redes de rios e córregos transportam esse recurso. Os rios começam em vários lugares em que as chuvas se acumulam, como glaciares, picos de montanhas nevados ou antigas fontes subterrâneas. Eles também podem começar em fontes de água doce facilmente acessíveis, como lagos e pântanos, em que o excesso de água se acumula e se transforma em um rio em movimento. Os rios se ligam e se fundem uns com os outros, criando afluentes.

Os seres humanos dependem dos recursos naturais fornecidos pelos rios e os têm transformado para usar a água e o movimento deles como um instrumento. Construímos represas, canais e sistemas de irrigação para lavoura. Os rios têm sido um meio de transporte, comércio e exploração ao longo de toda a história humana. Quase todas as grandes cidades foram construídas perto de rios. Dos faraós do antigo Egito, que construíram sua civilização perto do poderoso Nilo, passando pela dinastia Ming, que prosperou no delta do Yangtzé, até a Londres atual, que ainda depende do Tâmisa, os rios permitiram que as pessoas povoassem o mundo!

A maior parte da correnteza de um rio flui **embaixo da superfície**, onde não é visível, e às vezes é muito mais forte e rápida do que parece.

O rio **Mississípi** ainda é uma importante rota de transporte para muitas indústrias norte-americanas.

O rio mais longo da China, o **Yangtzé**, provê para o famoso **panda-gigante** e o **grou-siberiano**.

A maioria dos animais dos rios vive exclusivamente em **água doce**, exceto algumas poucas espécies, como o **salmão**, que, quando adultas, vivem no oceano salgado e nadam contra a corrente para desovar na água doce dos rios.

MAIORES BENEFÍCIOS

Os rios fornecem água doce a ecossistemas inteiros. Pessoas e animais em todo o mundo dependem dos rios para conseguir água e alimento. Ao longo da história humana, a água doce dos rios tem sido usada para **irrigar lavouras**. Os rios também são uma fonte de energia, e a **energia cinética** de uma correnteza pode ser armazenada para uso posterior. Conforme os rios se movem pela terra, eles levam **minerais** que por fim acabam no oceano, fornecendo nutrientes a esses ecossistemas também.

MAIOR AMEAÇA

Inundação e **erosão** são partes naturais e saudáveis de um ecossistema de rios. Mas, quando a inundação natural é perturbada por **construções mal planejadas**, as inundações podem se tornar catastróficas. A **poluição** e a **pesca excessiva** também podem destruir ecossistemas de rios e devastar as comunidades próximas. A poluição nos **lençóis freáticos** chega ao oceano, poluindo o "coração" de nosso planeta. Só por meio de um manejo adequado e do conhecimento da ecologia poderemos manter nossos rios saudáveis e produtivos.

ECOSSISTEMA DOS
LAGOS

A água cobre mais da metade da superfície do nosso planeta, mas a maior parte dela é salgada demais para ser bebida. A maior parte da água doce se encontra em glaciares congelados ou sob o solo. Felizmente existem os lagos! Eles podem ser encontrados em todos os continentes e em muitos climas, dos mais frios até os desertos aparentemente estéreis. Os lagos são criados quando a água doce enche uma bacia na superfície da Terra. Como os Grandes Lagos da América do Norte, muitos lagos foram formados há 18 mil anos, durante o fim da Idade do Gelo, quando grandes lençóis de gelo e glaciares começaram a derreter. Com o derretimento veio movimento, e esses lençóis de gelo deslizaram lentamente das regiões polares da Terra, enchendo bacias e crateras com a água do degelo. Outros lagos são formados pela chuva que enche crateras e depressões côncavas que muitas vezes são criadas pelos terremotos.

Os lagos são ecossistemas fechados e podem ser muito diferentes uns dos outros. Os fatores principais que determinam o seu formato ecológico são a exposição à luz solar e ao vento, a temperatura, e o equilíbrio químico e o pH da água. A vida selvagem encontrada em cada lago evoluiu para sobreviver nas características específicas de seu hábitat. Por exemplo, a tilápia só pode viver em águas ácidas. Também é importante que todos os lagos tenham o equilíbrio correto de nitrogênio e fósforo para promover o crescimento das plantas. Se esses nutrientes forem escassos, isso significa ausência de plantas e de vida. Se houver fósforo e nitrogênio demais, as algas crescem sem controle. A *pond scum* (um tipo de alga) pode tomar conta de um lago, tornando impossível outras espécies de vida selvagem. Entendendo o equilíbrio e as características de cada lago, podemos protegê-los e preservá-los.

MAIORES BENEFÍCIOS

Como os rios, os lagos também fornecem água doce para consumo, lavoura e transporte. Como o oceano, eles são uma fonte de vida aquática diversificada que sustenta a pesca comercial. Ventos frios que vêm dos grandes lagos ajudam a regular as temperaturas. A água doce e a vida aquática nos lagos sustentam comunidades inteiras de pessoas e animais; milhões de pessoas dependem dos lagos para viver.

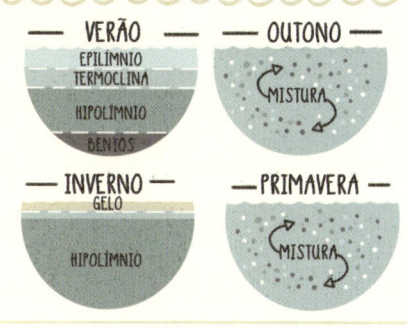

A água do lago se mistura quando as estações mudam. Conforme a água esfria, ela vai para o fundo e as camadas inferiores mais densas sobem para a superfície.

Muitos lagos são formados em vulcões inativos que se enchem com água da chuva.

A diferença entre uma lagoa e um lago é o tamanho; muitos pesquisadores classificam pequenos corpos de água como lagoas quando têm plantas enraizadas crescendo neles.

Os lagos podem ser fechados ou ser a fonte de um grande rio. Muitos lagos fechados se tornam mais salgados que o oceano ao longo de milhares de anos de evaporação.

Leitos de lagos secos são ótimos para procurar fósseis.

MAIOR AMEAÇA

Com o tempo, animais e plantas mortos se decompõem e descem até o fundo de rios para formar sedimento, que pode encher um lago até que ele se transforme num pântano. No decorrer de milhares de anos, os lagos secam naturalmente, mas a atividade humana e a construção mal planejada podem acelerar esse processo, fazendo com que sequem em décadas, o que é rápido demais para que a vida selvagem se adapte. Outra ameaça é quando a poluição muda a composição química de um lago, fazendo com que a *pond scum* cresça. O aumento excessivo dessa alga bloqueia a luz solar e usa todo o oxigênio na água, transformando o lago em uma zona morta onde nada pode sobreviver.

OS CICLOS DA NATUREZA

Todas as coisas no universo são feitas de matéria. Os átomos que formam a matéria nunca podem ser criados nem destruídos, só rearrumados em formas diferentes. Isso significa que os átomos que foram criados durante o Big Bang formam a árvore no seu quintal, sua mão, a cadeira em que você está sentado e todo o resto! Os nutrientes importantes e as moléculas de que somos feitos se movimentam pela teia alimentar (nham!). Mas a teia alimentar é só uma parte dos ciclos naturais de nosso mundo. Os ciclos do carbono, do nitrogênio, do fósforo e da água são algumas das principais maneiras de os ecossistemas reciclarem e transformarem matéria. Esses ciclos nos dão comida, energia e água doce. Eles fertilizam o solo e regulam o clima. Quer se trate da chuva do céu, do carbono em nossos ossos ou da poeira sob nossos pés, dependemos do equilíbrio desses ciclos que tornam a vida possível na Terra.

Nutrientes e moléculas como oxigênio, carbono e água podem ser armazenados em "reservatórios". Alguns reservatórios guardam os nutrientes por um curto período; outros os guardam por séculos. Por exemplo, um reservatório de relativamente curto prazo para a água são as moléculas de água (H_2O) de um lago. Só é preciso um dia quente para elas retornarem às nuvens pela evaporação e, depois, voltarem como chuva. Enquanto isso, os glaciares agem como reservatórios de longo prazo, armazenando água sob forma congelada por séculos. Liberar muito rapidamente quantidades excessivas de um recurso armazenado pode ter efeitos negativos sobre nossos ecossistemas globais. Precisamos entender esses diferentes reservatórios e preservar com responsabilidade o delicado equilíbrio desses importantes ciclos.

O CICLO DO CARBONO

Todos os seres vivos em que você pode pensar são feitos de carbono. Não só todos os seres vivos da Terra são feitos de carbono, mas também dependemos do seu ciclo para respiração celular, ar respirável e regulação do clima. O ciclo do carbono depende de algas e plantas (também chamadas de produtores), que absorvem dióxido de carbono (CO_2) da atmosfera e usam a fotossíntese para transformá-lo em açúcares. Durante esse processo, o CO_2 é absorvido e o oxigênio é liberado na atmosfera. Os açúcares nas plantas são uma forma de energia armazenada. Quando são comidas, essa energia e os compostos de carbono começam sua jornada pela teia alimentar.

O carbono é armazenado no corpo de plantas e animais por algum tempo. Parte dele se transforma em fezes ou outros dejetos. Finalmente, os seres vivos morrem e seu carbono é quebrado pelos decompositores. Tanto os dejetos quanto a matéria morta são uma parte da teia alimentar e, quando são quebrados por bactérias e fungos, seu carbono se transforma em parte do solo rico em nutrientes de que as plantas precisam. É por essa razão que os fazendeiros usam adubo para ajudar suas lavouras a crescer.

O carbono é uma parte essencial das moléculas de açúcar (glicose). Os seres vivos usam essa energia armazenada para um processo complexo chamado respiração celular, durante o qual o CO_2 é liberado de volta na atmosfera. A fotossíntese é o processo que cria energia armazenada, e a respiração celular é o processo que usa essa energia. A fotossíntese só é feita por plantas e outros produtores, e usa o CO_2 enquanto libera oxigênio no ar como um subproduto. Enquanto isso, a respiração celular é feita por todos os seres vivos e usa oxigênio enquanto libera CO_2 no ar como um subproduto.

O ciclo de oxigênio e carbono mantém nosso ar respirável, regula as temperaturas globais, equilibra o pH do oceano e ajuda a manter o solo fértil. Algumas atividades humanas perturbam o equilíbrio do ciclo de carbono. A queima rápida de combustíveis fósseis está liberando mais CO_2 na atmosfera do que nunca, fazendo com que a temperatura suba em todo o planeta e alterando os ecossistemas no mundo inteiro (ver p. 114). Entender o equilíbrio do ciclo do carbono é importante para proteger nosso planeta.

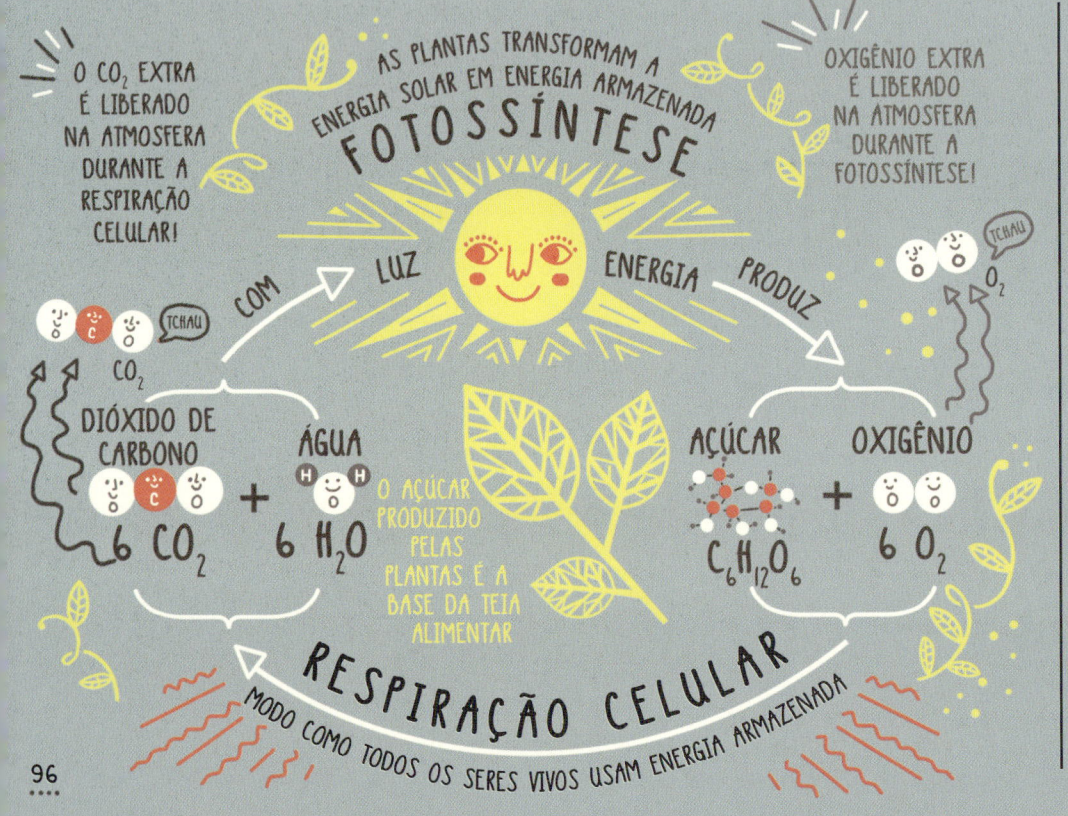

97

O CICLO DO NITROGÊNIO

O nitrogênio representa cerca de 78% do ar e é uma peça importante para as proteínas e os ácidos nucleicos que formam o DNA dos seres vivos. Embora haja nitrogênio atmosférico à nossa volta, as plantas e os animais não conseguem absorvê-lo diretamente. O nitrogênio geralmente é encontrado como N_2, no qual 2 átomos de nitrogênio estão fortemente ligados. Felizmente, algumas bactérias podem "fixar" essa molécula muito forte para que as plantas e os animais a usem.

Todos os seres vivos dependem de um processo chamado "fixação do nitrogênio" que transforma o gás nitrogênio (N_2) em compostos que as plantas podem absorver. Essa transformação é feita por alguns tipos de bactérias microscópicas que vivem no solo, por certos tipos de algas azuis-verdes encontradas na água e por micróbios que vivem nos nós das raízes de alguns legumes. Por meio de vários processos transformativos, os micróbios transformam o nitrogênio (N_2) em moléculas que as plantas adoram, como nitratos (NO_3). Algumas plantas, como o arroz, podem também absorver o nitrogênio sob a forma de amônia (NH_4).

Depois de o nitrogênio ser absorvido pelas plantas, ele fica disponível para o resto da teia alimentar. Conforme os consumidores comem as plantas (e depois são comidos por outros animais), o nitrogênio também é transportado e usado. Os compostos de nitrogênio retornam para o solo quando as bactérias decompõem a matéria orgânica morta e os dejetos. As plantas também absorvem esse nitrogênio reciclado e decomposto.

O ciclo do nitrogênio é concluído quando diferentes tipos de bactérias desnitrificadoras convertem os nitratos em puro nitrogênio atmosférico (N_2). Essas moléculas fortes de nitrogênio voltam para a atmosfera até que o ciclo comece de novo.

Os vínculos do nitrogênio (N_2) são tão fortes que só há um outro modo de quebrá-los: o raio! A energia de um raio pode "fixar" uma pequena quantidade de N_2 atmosférico que as plantas podem usar. Também aprendemos como quebrar artificialmente o N_2 para produzir fertilizantes para ajudar as plantas a crescer e criar grandes lavouras para alimentar nossa população em crescimento.

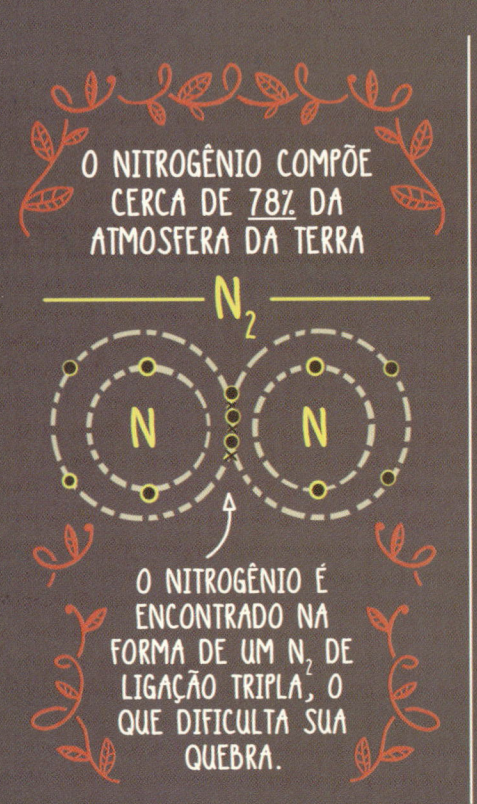

O NITROGÊNIO COMPÕE CERCA DE 78% DA ATMOSFERA DA TERRA

N_2

O NITROGÊNIO É ENCONTRADO NA FORMA DE UM N_2 DE LIGAÇÃO TRIPLA, O QUE DIFICULTA SUA QUEBRA.

AS ERUPÇÕES DE VULCÕES E A QUEIMA DE COMBUSTÍVEIS FÓSSEIS DE FÁBRICAS E CARROS ACRESCENTAM NITROGÊNIO À ATMOSFERA. O EXCESSO DE NITROGÊNIO CAUSA NEBLINA E CHUVA ÁCIDA, O QUE PROVOCA EROSÃO E POLUI O AR.

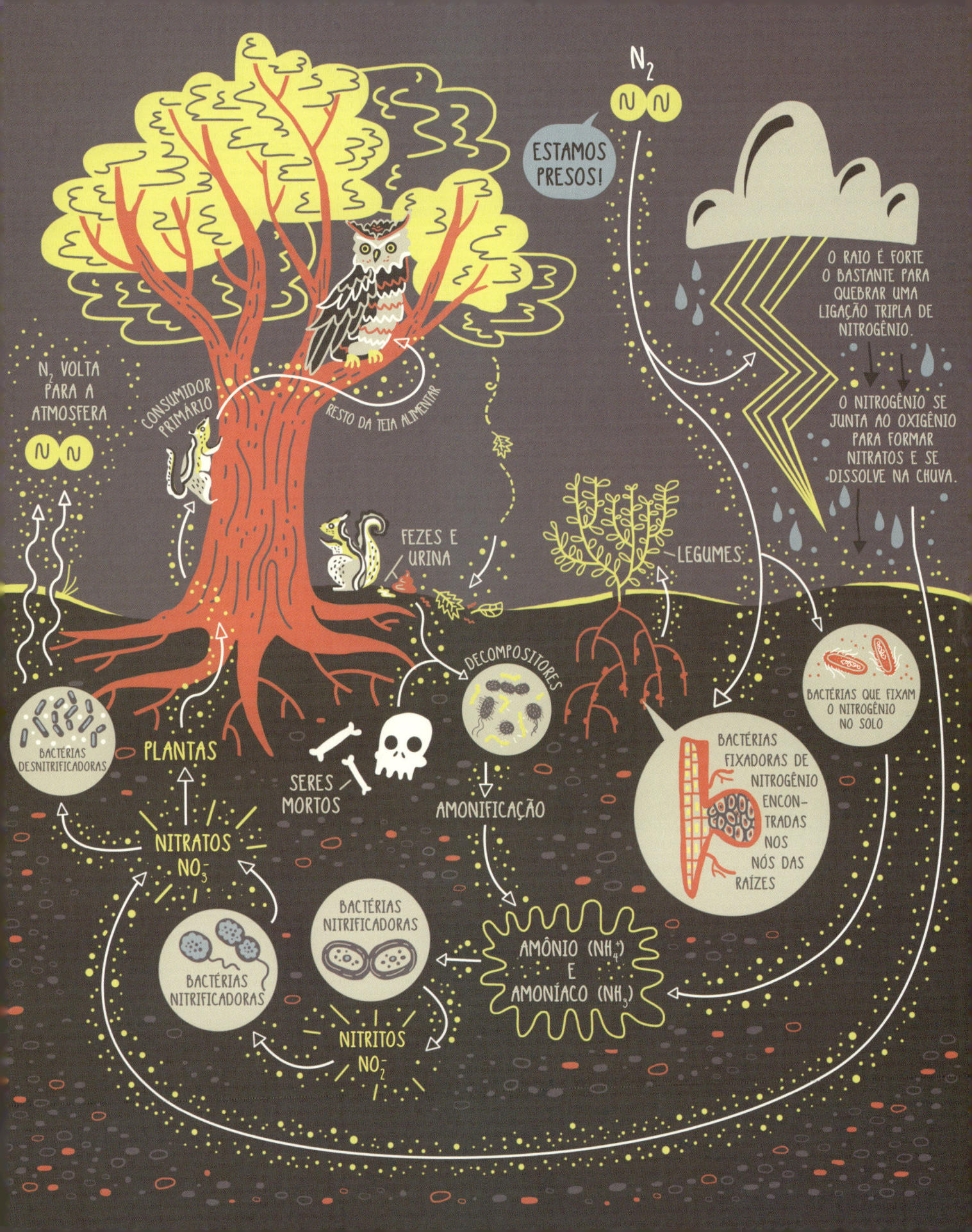

CICLO DO FÓSFORO

Como o nitrogênio, todos os organismos precisam do fósforo para construir o DNA, o código genético que diz a nossas células o que fazer. O fósforo está preso no subsolo em rochas sedimentares que se formaram de animais e plantas mortos no decorrer de milhões de anos. Em algum momento, essas rochas chegam à superfície e sofrem erosão pelo clima ou são comidas por bactérias especializadas chamadas litotróficos. O fósforo então se dissolve na água ou penetra no solo, onde pode ser absorvido pelas plantas e ficar disponível para o resto da teia alimentar. Os animais e as pessoas comem os alimentos, e o fósforo se torna parte de seu DNA. Um dia, as plantas e os animais morrem e são decompostos por bactérias. A maior parte desse fósforo retorna ao solo para ser absorvida novamente pelas plantas. Um átomo de fósforo pode circular pelo sistema biológico de teia alimentar e decomposição por mais de 100 mil anos. Em oceanos e lagos, o fósforo pode ser incorporado a sedimentos. Após muito tempo e pressão, o fósforo se prende em rochas. Com o passar de milênios, a rocha sobe à superfície, sofre erosão, e o ciclo começa de novo. Como você vê, o fósforo arrasa!

FERTILIZANTE DEMAIS

ESCOAMENTO DO EXCESSO DE NITROGÊNIO E FÓSFORO

IMPACTO DO EXCESSO DE NITROGÊNIO E FÓSFORO

O fósforo e o nitrogênio são essenciais para a vida na Terra, mas são de difícil acesso para as plantas. É por isso que as pessoas criaram os fertilizantes para revigorar artificialmente o solo e garantir que as plantas cresçam. Os fertilizantes nos ajudaram a alimentar nossa população crescente, o que é fantástico. Mas o excesso de uma coisa boa pode ser perigoso. O fertilizante que escoou para os cursos de água desequilibrou os ecossistemas e criou zonas mortas nos oceanos. Precisamos mudar o modo como os fertilizantes são usados nas lavouras e evitar o escoamento agrícola para minimizar esse tipo de poluição.

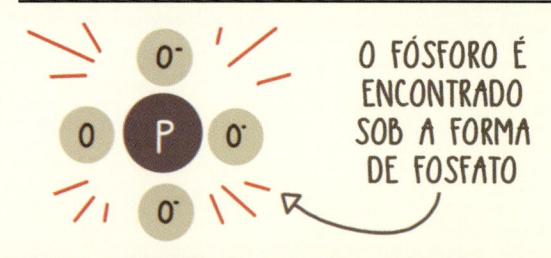

O FÓSFORO É ENCONTRADO SOB A FORMA DE FOSFATO

PODE LEVAR DE 20 A 100 MIL ANOS PARA O FÓSFORO SE MOVER DE UMA ROCHA NO OCEANO PARA A TERRA.

O FÓSFORO EM SOLUÇÃO NA ÁGUA

O FÓSFORO SE DISSOLVE NA ÁGUA

REDE ALIMENTAR AQUÁTICA

MUITO TEMPO E PRESSÃO FAZEM COM QUE O FÓSFORO SE TORNE PARTE DO LEITO ROCHOSO

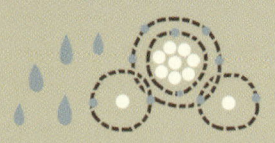 # O CICLO DA ÁGUA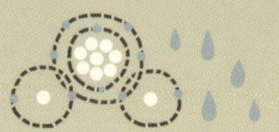

Quer você esteja tomando um refrescante copo d'água em um dia ensolarado, quer esteja preso dentro de casa por causa da chuva, você está vendo o ciclo da água em ação. A água (H_2O) cobre mais de 70% da superfície da Terra, e nosso corpo tem cerca de 60% dela. Mesmo que a água nos rodeie, a água potável é um recurso escasso. Todos dependemos do ciclo da água para filtrar e distribuir água doce ao redor do mundo.

No fim, todas as moléculas de água chegam ao oceano. Conforme o sol aquece a superfície do oceano, as moléculas de água evaporam no ar, deixando para trás o sal ou os minerais que a tornam não potável. Essa água doce se condensa e forma as nuvens. Esses algodoados reservatórios de água doce flutuam ao redor de todo o mundo. Quando as nuvens ficam pesadas demais, a força da gravidade traz a água doce de volta à Terra sob a forma de chuva, neve ou até granizo, que a distribuem. Agora plantas, animais e pessoas têm algo para beber!

Parte dessa água se evapora imediatamente por causa do calor do sol. Parte dela é congelada no pico das montanhas como glaciares. Parte dela é puxada pela gravidade ainda mais longe, afundando no solo. Com o tempo, essa umidade do solo é usada por plantas ou animais, ou se move lentamente e retorna ao oceano. A água na neve das montanhas derrete lentamente e alimenta riachos e rios que levam ao oceano. O escoamento de rios e água subterrânea leva sal e outros minerais para o oceano. O escoamento de minerais, a evaporação constante de água doce e a erosão das rochas contribuem para salgar a água do oceano.

A água sugada por plantas e bebida por animais e seres humanos também é parte do ciclo da água. O que não é liberado na urina vai se evaporar do nosso corpo quando suarmos ou será liberado como vapor d'água em nossa respiração. A água é liberada das plantas sob a forma de gás em um processo chamado "transpiração".

Em alguns lugares do mundo pode parecer que a água potável está por toda parte, porém, considerando o mundo inteiro, mais de 2 bilhões de pessoas não têm acesso regular a água limpa. Falta de água é causada pela escassez nas regiões secas, combinada com falta de verbas para importar água. Outros casos são puramente econômicos, quando as comunidades estão rodeadas por água, mas não têm recursos para cavar poços ou tratá-la. Juntos, precisamos pensar se estamos usando a água de modo sustentável e como ela pode ser distribuída de forma equitativa.

GLACIAR

DERRETE

EVAPORAÇÃO

LAGO

ESCOAMENTO DA ÁGUA DE SUPERFÍCIE

ÁGUA SUBTERRÂNEA

PLANTAS

Todos nós dependemos de nossos amigos folhosos. Seja um poderoso carvalho, seja uma célula microscópica de alga, as plantas são os únicos seres vivos que pode obter energia diretamente do sol. Por meio da fotossíntese, elas combinam luz solar, dióxido de carbono e água para produzir glicose, um tipo de açúcar. A planta usa esse açúcar para energia (comida!) e ajuda a construir sua própria estrutura. O dejeto liberado durante a fotossíntese é o oxigênio! As plantas produzem naturalmente o ar rico em oxigênio que precisamos respirar.

A capacidade das plantas para criar seu próprio alimento com a luz solar as torna o início de toda teia alimentar. Elas também incluem nutrientes importantes na teia ao absorvê-los do solo. A energia e os nutrientes são transmitidos a todos nós quando comemos plantas ou animais que as comeram. As raízes das plantas também ajudam a estabilizar o solo sob nossos pés, evitam a erosão e protegem o litoral de inundações. O mundo em que vivemos, a comida que ingerimos e o ar que respiramos existem graças às plantas!

ESTÁGIOS DA GERMINAÇÃO DA SEMENTE

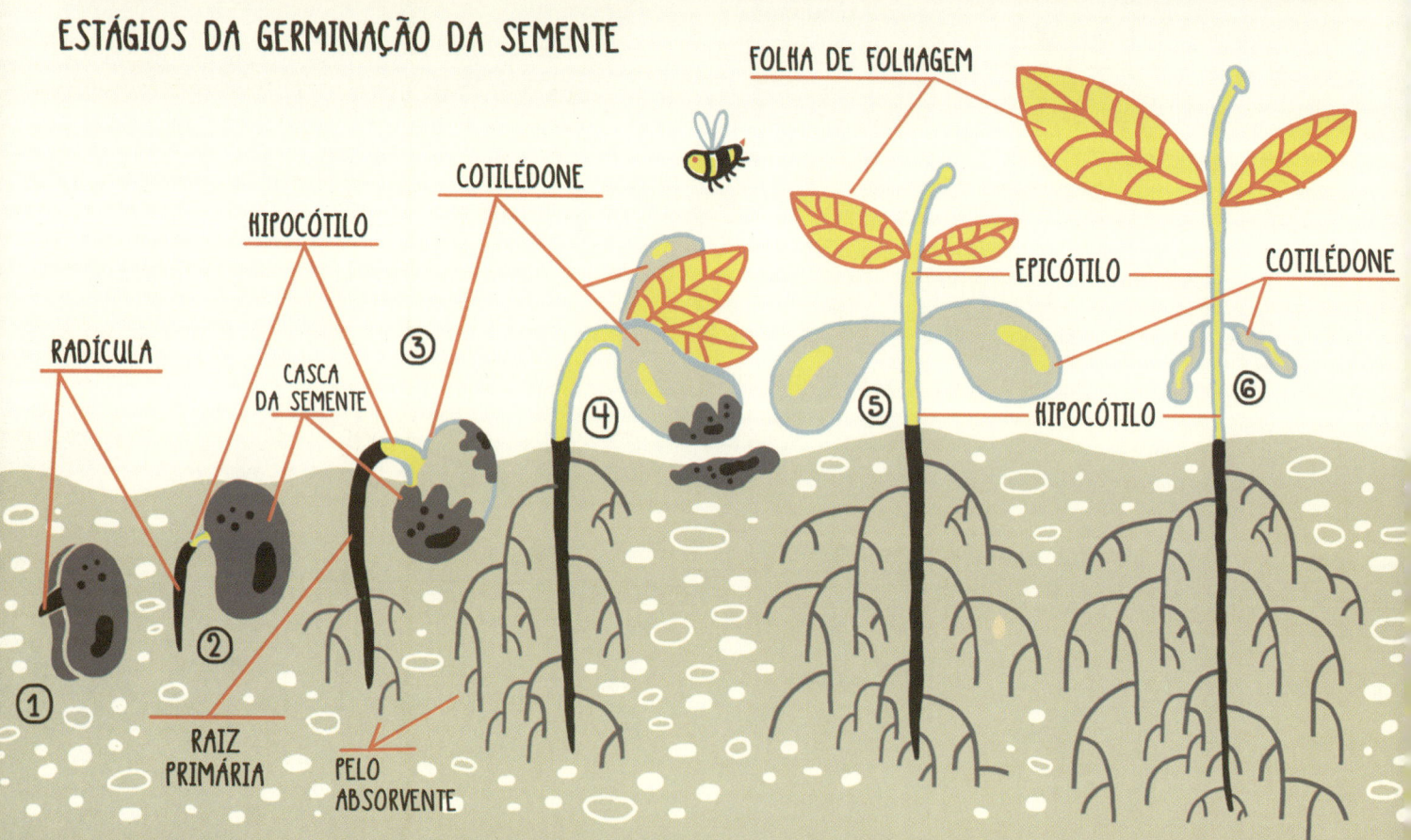

FOLHA DE FOLHAGEM

COTILÉDONE

HIPOCÓTILO

RADÍCULA

CASCA DA SEMENTE

EPICÓTILO

COTILÉDONE

HIPOCÓTILO

RAIZ PRIMÁRIA

PELO ABSORVENTE

MACRONUTRIENTES DE QUE AS PLANTAS PRECISAM

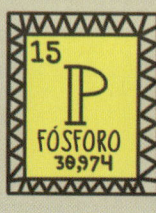
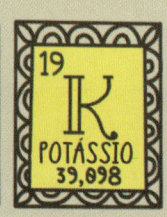

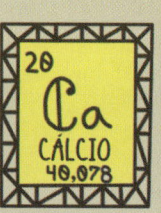

| 6 C CARBONO 12,011 | 1 H HIDROGÊNIO 1,008 | 8 O OXIGÊNIO 15,999 | 7 N NITROGÊNIO 14,007 | 15 P FÓSFORO 30,974 | 19 K POTÁSSIO 39,098 | 16 S ENXOFRE 32,065 | 20 Ca CÁLCIO 40,078 | 12 Mg MAGNÉSIO 24,305 |

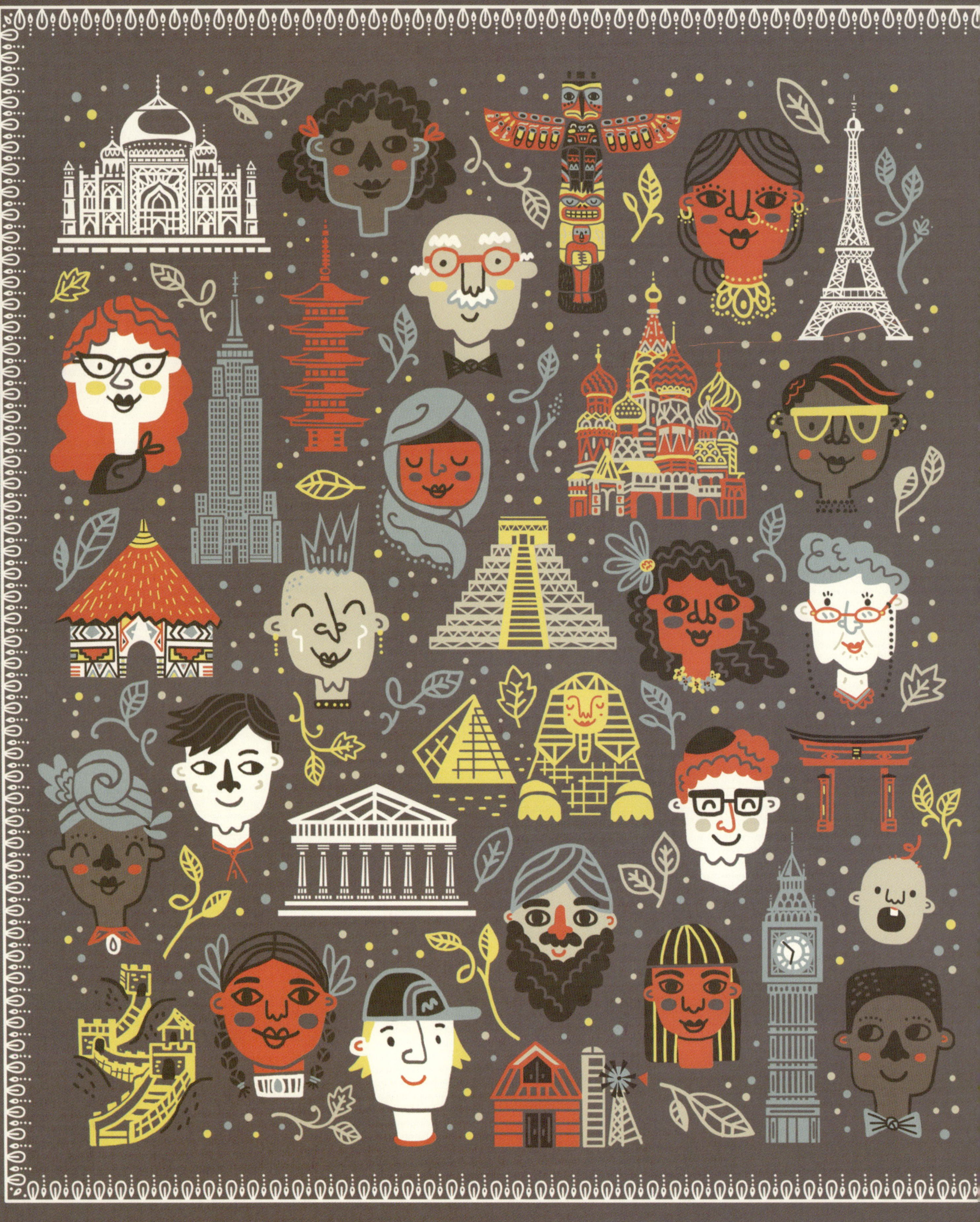

OS SERES HUMANOS E O PLANETA TERRA

De muitas maneiras, os seres humanos são os animais mais surpreendentes do planeta. Antes vivendo em cavernas e coletando comida, passaram a ser capazes de pedir uma pizza e recebê-la sem ter de sair do sofá! Os seres humanos andaram na Lua, quebraram a barreira do som e criaram inteligência artificial para nos ajudar a resolver problemas extremamente complicados. Nós desenvolvemos tecnologias que nos permitem viajar por todo o mundo com relativa rapidez e nos comunicar com qualquer pessoa só clicando em um botão. A humanidade transformou a paisagem da Terra, buscando criar abrigo e fornecer comida para uma população que não para de crescer. Nossos ancestrais que viviam em cavernas nem podiam sonhar com a segurança, o conforto ou a tecnologia que muitas pessoas têm hoje no mundo.

Mas, apesar de tudo que construímos, ainda existem coisas que só a natureza pode nos proporcionar. À nossa volta, os ecossistemas produzem combustível sob a forma de energia eólica (vento), hidráulica (água) e solar. Milhares de anos de decomposição transformaram o carbono em carvão ou combustível fóssil, que podemos usar para dirigir carros e aquecer casas. Os ecossistemas são a equipe de limpeza global, decompondo o lixo e os seres mortos em solo onde podem crescer novas plantas e lavouras. As plantas de alguns ecossistemas podem evitar inundações e erosão costeira. Os ecossistemas intactos e biodiversos podem até se recuperar de catástrofes naturais e "curar" a si mesmos. Os economistas atribuíram aos ecossistemas naturais de nosso mundo um valor de mais de US$ 142,7 trilhões por ano. Mas quem pode colocar preço no ar respirável, na água fresca, em um solo rico em nutrientes ou em um planeta habitável? À medida que as pessoas continuam a construir cidades maravilhosas e grandes fazendas, também precisamos preservar o mundo natural para que ele continue a trabalhar duro por nós.

A FAZENDA

Há muito tempo, antes da história escrita, a única forma de comer era encontrando comida. Nossos ancestrais nômades moviam-se constantemente em busca de novos animais e plantas para comer. Mas algum tempo depois da Era do Gelo as tribos nômades de todo o mundo começaram a plantar sementes e cultivar lavouras. A agricultura criou um excedente de alimentos, permitindo que as pessoas passassem mais tempo fazendo outros trabalhos. Elas começaram a se estabelecer em locais ao redor dessas plantações e se dedicar a novas tarefas, como inventar e construir ferramentas. Novos métodos de cultivo foram desenvolvidos para gerar colheitas ainda maiores, como aragem do solo, criando sistemas de irrigação para levar a água até as lavouras e cruzamento seletivo de plantas e animais mais benéficos para sua comunidade.

Agora, com a nova tecnologia, podemos alimentar a população em rápido crescimento, possibilitando o surgimento de grandes cidades e civilizações. As máquinas cavam o solo, plantam e colhem; as lavouras podem ser geneticamente selecionadas para suportar a seca ou afastar as pragas, e os fertilizantes químicos aumentam a produtividade do solo. Nossa comida é cultivada no mundo todo e transportada para todos os lugares. Mas, mesmo com todo o progresso, é crucial lembrar que são nossos recursos naturais limitados que tornam a agricultura possível.

Sustentabilidade agrícola significa alimentar a população crescente e, ao mesmo tempo, manter o ambiente saudável para o futuro. Os principais desafios ao alimentar uma grande população são o esgotamento de nutrientes do solo, o uso abusivo da água e a utilização de combustíveis fósseis para fertilizar e operar as máquinas agrícolas.

O excesso de fertilizantes pode poluir a água subterrânea, que, por sua vez, polui os oceanos. Quando só um tipo de planta é cultivado, toda a lavoura se torna mais vulnerável a doenças e pragas, precisa de mais agrotóxicos e é menos capaz de suportar as mudanças climáticas. Quando há uma diversidade de plantas e animais em uma fazenda, os benefícios naturais de um ecossistema intacto são abundantes. Plantas diferentes usam compostos diferentes do solo e devolvem diferentes nutrientes. Ao fazer rotação de culturas, pode-se enriquecer naturalmente o solo em vez de esgotá-lo para produzir uma única cultura. Plantar culturas de cobertura e usar composto e adubo animal também pode diminuir a necessidade de fertilizantes químicos. Algumas plantas até repelem insetos. A biodiversidade também nos ajuda a conservar a água: cultivando plantas que resistam à seca e usando métodos para reduzir o volume de água para irrigação, podemos fazer com que as reservas durem mais durante as estações secas. Cada lugar é diferente, e as plantas nativas de uma área muitas vezes têm propriedades únicas que podem ajudar a manter o solo rico e úmido! Introduzir gramíneas e árvores nativas ajuda a tornar as fazendas mais sustentáveis.

Usamos combustíveis fósseis para operar as máquinas que ajudam a cultivar nosso alimento e enviá-lo para todo o mundo, então até uma simples cenoura cultivada comercialmente tem uma pegada de carbono. Em algum momento, nossas reservas de petróleo vão se esgotar, mas nossa necessidade de alimento não. Cada vez mais pessoas moram nas cidades, e levar o alimento para onde elas possam comê-lo é tão importante quanto cultivá-lo. O alto custo do petróleo leva a um preço mais alto de alimentos frescos e saudáveis, criando "desertos de alimentos" nas partes mais pobres das cidades, onde muitas vezes não há grandes hortifrútis. Os desertos de alimentos podem ser encontrados nos Estados Unidos e no mundo inteiro, em qualquer lugar onde as pessoas não tenham acesso a frutas ou vegetais frescos.

Avanços na tecnologia, como motores elétricos, e fontes de energia alternativa são necessários para alimentar o mundo. Quando nova tecnologia e conhecimento de ecologia se unem, podemos alimentar as populações crescentes e, ao mesmo tempo, preservar nosso planeta para o futuro.

A CIDADE

Todo ser vivo da Terra tem um hábitat e um lar, e os seres humanos não são exceção. Sejam tendas, cabanas, casas ou arranha-céus, as estruturas construídas pelo homem nos protegem das intempéries e proporcionam funcionalidades das quais passamos a depender. A humanidade transformou grandes partes do planeta para criar um hábitat projetado especificamente para o conforto humano.

Existem cidades de muitas formas e tamanhos, sendo definidas pelas pessoas que moram lá. Algumas parecem mais um vilarejo que uma selva de pedra. Atualmente mais da metade da população humana mora em cidades. Para dar suporte a todas essas pessoas, as cidades precisam de infraestruturas complexas. Redes de fios e cabos são instaladas sob o chão, no céu e no fundo do mar para que os lugares recebam energia elétrica e internet. Na maioria das grandes cidades, estradas foram asfaltadas e metrôs foram construídos para que as pessoas se movimentem e transportem alimento com facilidade. Também existem cidades em áreas subdesenvolvidas onde nem todos têm acesso a água limpa, encanamento e eletricidade.

O modo como as cidades são construídas hoje permite que poucos animais coexistam com as pessoas. A biodiversidade pode ser baixa, mas ainda existe vida selvagem entre nós. Em algumas cidades, não é incomum ver um pombo, um guaxinim ou um rato comendo algo de uma lata de lixo. Nas cidades também existem alguns animais inesperados que se aproveitam desses ecossistemas incomuns. O macaco *rhesus* come o que encontra no lixo dos mercados indianos. E em Albi, na França, o peixe-gato, que geralmente fica no fundo de um lago, pula para fora da água para caçar pombos distraídos que estejam por perto.

A população cresce, e o mesmo acontece com as cidades. Ruas, cercas e paredes cortam o movimento animal natural, e a poluição luminosa perturba os hábitos naturais dos animais noturnos. Quanto mais concreto utilizamos para construir, mais hábitats da vida selvagem destruímos. A cada década, uma área de natureza do tamanho da Grã--Bretanha é destruída para a expansão de cidades em todo o mundo.

No entanto, existem formas de construir as cidades sem sacrificar completamente os ecossistemas naturais. Algumas cidades estão começando a integrar plantas em seu planejamento urbano. Em 2015, jardins verticais gigantescos foram construídos em Singapura. Essas estruturas de aço com 50 m de altura são chamadas de "superárvores" e, embora não sejam árvores verdadeiras, existem tantas plantas crescendo nos seus lados que elas refrescam a área naturalmente. Em algumas regiões de África, América do Norte e Europa, estão sendo construídas passagens para migração de animais selvagens sob as rodovias para que eles possam atravessar sem correr risco.

As cidades são os líderes mundiais na busca de formas de energia renovável. Em 2013, Malmo, na Suécia, se tornou a primeira "cidade neutra em carbono" da Europa. Ela recebe energia inteiramente renovável, incluindo energias eólica, solar e derivada da queima de composto. Carros e ônibus são elétricos ou movidos a biocombustível feito de restos de comida em vez de usar gasolina. Desde então, muitas cidades (e esse número não para de crescer!) ao redor do mundo também se comprometeram a usar 100% de energia limpa e renovável.

Somos responsáveis por construir nossas cidades, e escolhemos como elas afetam a natureza. Com planejamento adequado, podemos preservar ou até mesmo criar hábitats de vida selvagem e diminuir os efeitos prejudiciais para a natureza.

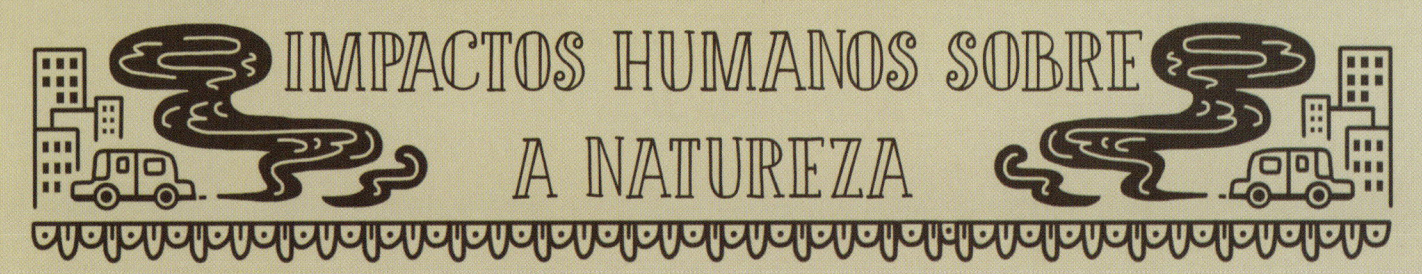

IMPACTOS HUMANOS SOBRE A NATUREZA

O desenvolvimento e o progresso são coisas boas! Mas à medida que continuamos a crescer e trabalhamos para sustentar toda a humanidade, também precisamos pensar nas formas como afetamos o mundo natural. Entendendo as principais maneiras pelas quais afetamos o ambiente, podemos construir e plantar de modo mais sustentável.

DESMATAMENTO

No mundo inteiro, florestas têm sido desmatadas para extrair madeira e abrir espaço para fazendas, sítios, prédios e outros empreendimentos urbanos. Isso cria muitos problemas, como dificuldade de escoamento de água da chuva e perda de hábitats para os animais. Também dependemos das grandes florestas para absorver o carbono do ar e produzir oxigênio; os cientistas estimam que 15% dos indesejados gases do efeito estufa vêm do rápido desmatamento e da falta de árvores para filtrar o ar. Quando uma grande floresta é derrubada, isso altera os padrões de clima e chuva da área. A água que era absorvida pelas árvores e plantas flui livremente para dentro do solo e sobre ele, provocando erosão e poluição dos rios próximos.

ESPÉCIES INVASORAS

Muitos dos produtos cultivados e dos animais domesticados de que dependemos são de diferentes partes do mundo. Porém, a introdução de espécies invasoras no ambiente selvagem pode danificar um ecossistema. Às vezes, as espécies invasoras são levadas intencionalmente para uma nova região, mas causam impactos inesperados. A planta *kudzu* foi levada para os Estados Unidos como uma novidade para os jardins. Atualmente, nos estados do sul do país, a *kudzu* se transformou em uma erva daninha que sufoca outras plantas e, às vezes, até carros e prédios! Às vezes, as espécies invasoras são introduzidas por acidente, como a mosca-das-frutas-do-mediterrâneo, que infesta as frutas com suas larvas. Quando as frutas são transportadas pelo mundo, a mosca vai junto, e agora ameaça as colheitas em todo o planeta.

Os animais e as plantas em um ecossistema local evoluíram para competir apenas entre eles, e, quando uma nova espécie é introduzida, pode se tornar invasiva, dominando a paisagem e superando as espécies locais na competição por recursos, o que pode destruir um ecossistema.

USO EXCESSIVO

Pesca predatória, caça excessiva e sobrepastagem são os principais motivos de esgotamento dos ecossistemas. Uso excessivo é quando usamos os recursos naturais em um ritmo mais rápido do que podem se recuperar. Estamos esgotando a vida marinha oceânica ao pescar indiscriminadamente em quantidades enormes, matando espécies marinhas antes que possam se reproduzir. Muitas vezes, redes de pesca industrial capturam e matam animais que as pessoas nem comem. Isso é chamado de pesca de arrasto. Estamos usando excessivamente a terra para criação de animais e abusando das pastagens. Sem raízes de gramínea suficientes para estabilizar o solo, a erosão é rápida. Grandes monoculturas esgotam o solo e exaurem seus nutrientes. Isso dificulta o crescimento das plantas e pode até causar a morte do solo. Agricultura, pesca e criação de animais em grande escala são necessárias para sustentar a população. Mas precisamos usar os recursos de modo sustentável para que não se esgotem.

DESERTIFICAÇÃO

Uma seca ou elevação da temperatura, combinada com atividade humana como desmatamento, uso excessivo da terra para pasto ou exploração excessiva do solo, pode levar à desertificação. As tempestades de poeira se tornam frequentes, e nada consegue crescer na terra seca e sem nutrientes. Até as terras mais férteis podem se transformar num deserto. Os Estados Unidos tiveram problemas de desertificação quando o Dust Bowl, nos anos 1930, foi provocado por práticas de cultivo ruins e excesso de uso dos pastos. A terra pode se recuperar com a intervenção correta, como cultivar e fazer a rotação sucessiva de culturas apropriadas, ou, com sorte, com uma estação chuvosa. Mas o deserto também pode se expandir. Por exemplo, o deserto de Gobi, na China, aumenta 3.300 km² por ano por uso excessivo de pastos e desmatamento nas áreas circundantes. O aquecimento global continua a acelerar o processo de desertificação em todo o mundo.

POLUIÇÃO

Todos já vimos alguém jogar lixo pela janela do carro ou na calçada. Embora isso seja irritante, o pior tipo de poluição vem das substâncias químicas em excesso ou no lugar errado. Quando compostos químicos, tanto naturais quanto sintéticos, são usados em excesso ou descartados do jeito errado, podem causar danos aos ecossistemas.

Pode haver excesso de uma coisa boa. Por exemplo, o fósforo e o nitrogênio são necessários para o crescimento das plantas, e dependemos de fertilizantes químicos que incluem esses nutrientes para a agricultura em grande escala. Mas o uso excessivo desses fertilizantes provocou escoamento agrícola, que poluiu a água subterrânea na bacia do Mississípi. Essa água flui para o Golfo do México, onde o excesso de substâncias químicas provoca um crescimento extremo de algas, que usam a maior parte do oxigênio da água. A água com pouco oxigênio não consegue manter a vida, e todos os anos essa poluição cria uma "zona morta" do tamanho de New Jersey, onde nenhuma vida marinha pode sobreviver.

QUANTO MAIS ALTO NA TEIA ALIMENTAR, MAIOR INGESTÃO DE MASSA (E POSSÍVEIS POLUENTES).

Também é prejudicial quando as substâncias tóxicas entram no ecossistema. Por exemplo, as operações de mineração e queima de carvão liberam toneladas de mercúrio na atmosfera todos os anos. Nos seres humanos, mercúrio em excesso pode danificar nervos e rins. E algumas substâncias químicas em plásticos e medicamentos agem como bloqueadores endócrinos (afetando hormônios); quando são jogados fora ou na privada, suas substâncias nocivas contaminam a água e prejudicam os peixes e outras criaturas aquáticas.

A poluição sonora e luminosa também tem efeito negativo sobre a vida selvagem. Podemos observar isso a partir de um novo problema enfrentado pelas tartarugas-marinhas recém-nascidas. Durante milhares de anos, as tartaruguinhas nasceram nas praias à noite e dependeram da luz da lua para guiá-las até o oceano. Mas as luzes brilhantes das cidades litorâneas confundem muitas tartarugas recém-nascidas e as fazem e se afastar do mar. Muitas cidades apagam as luzes durante a época do nascimento de tartarugas, mas, nos lugares que não fazem isso, gerações inteiras de tartarugas se perderam. A poluição sonora também confunde os animais e corta a comunicação entre eles durante as épocas de acasalamento. Já houve até casos extremos de sonares submarinos causarem perda de audição em baleias, destruindo sua capacidade de orientação no oceano.

MUDANÇA CLIMÁTICA

Antes de os seres humanos existirem, a Terra passou por pelo menos 5 eras glaciais e aquecimentos devidos a pequenas mudanças em sua órbita. Desde a última era do gelo, a Terra tem um clima ideal para sustentar a vida humana. Mas atualmente um novo tipo de mudança climática ameaça nossa existência, causada não por uma alteração na posição da Terra em relação ao Sol, mas pelas próprias ações da humanidade. A queima excessiva de combustíveis fósseis está provocando um aquecimento climático, e os efeitos serão devastadores para o planeta que chamamos de lar.

Desde a Revolução Industrial, fizemos maravilhosos avanços tecnológicos, mas também aumentamos muito nosso uso de energia. Agora, nossas principais fontes de combustível são carvão, gás e outros combustíveis fósseis que são queimados para liberar energia, liberando rapidamente dióxido de carbono e outros gases de efeito estufa que poluem a atmosfera. O ciclo do carbono é um processo natural nos ecossistemas, e há muitos reservatórios naturais de carbono, como florestas e rochas subterrâneas. Mas estamos liberando carbono demais em um ritmo mais rápido do que os reservatórios podem absorver. Isso significa que esses gases de efeito estufa pairam e se acumulam na atmosfera e nos oceanos. Esses gases isolam excessivamente nosso planeta, retendo o calor do sol por muito mais tempo que o normal antes que ele escape de volta ao espaço. Esse calor contido aumenta as temperaturas globais.

Os cientistas medem o clima global do passado examinando núcleos de gelo, fósseis, rochas sedimentares e amostras de núcleos de árvores. Os satélites que orbitam o planeta e uma rede de instrumentos científicos sofisticados na Terra são usados para medir a mudança climática recente. A temperatura do nosso planeta subiu aproximadamente 1 °C nos últimos 100 anos, e a maior parte dessa mudança aconteceu nas últimas décadas. Isso pode parecer pouco, mas medir o clima em um longo período é diferente de medir a temperatura diária. A diferença entre o clima da última era do gelo, quando o mundo estava coberto de gelo, e o de hoje é de menos de 5 °C no total. Ao medir o clima nos anos recentes, os cientistas estão vendo um padrão de verões mais longos e mais quentes. Os dias de inverno extremamente frios são menos frequentes, e o número de dias extremamente quentes por ano está aumentando.

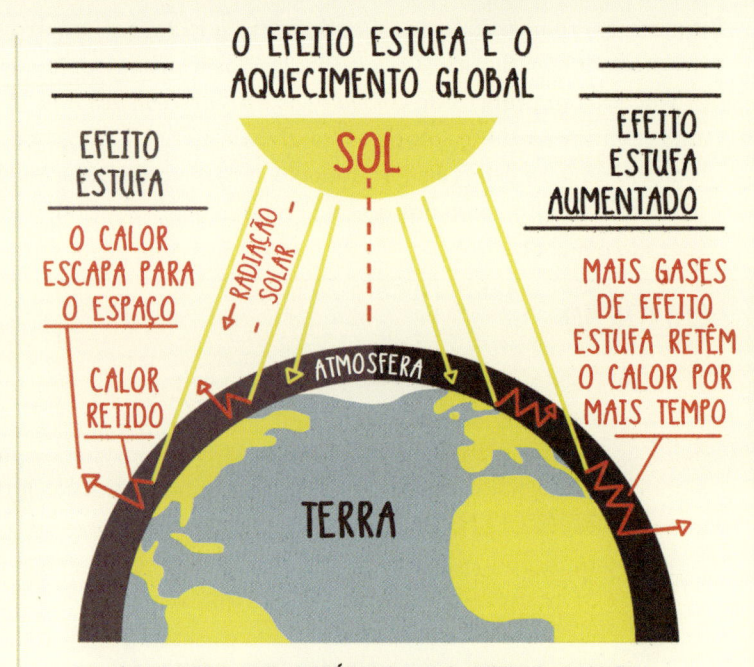

O EFEITO ESTUFA E O AQUECIMENTO GLOBAL

EFEITO ESTUFA

SOL

EFEITO ESTUFA AUMENTADO

O CALOR ESCAPA PARA O ESPAÇO

RADIAÇÃO SOLAR

MAIS GASES DE EFEITO ESTUFA RETÊM O CALOR POR MAIS TEMPO

CALOR RETIDO

ATMOSFERA

TERRA

OS GASES ATMOSFÉRICOS DO EFEITO ESTUFA RETÊM O CALOR DO SOL, AQUECENDO A TERRA. GASES DE EFEITO ESTUFA EM EXCESSO AUMENTAM INTENSAMENTE A TEMPERATURA GLOBAL.

OS GASES DE EFEITO ESTUFA INCLUEM DIÓXIDO DE CARBONO (CO_2), METANO (CH_4), ÓXIDO NITROSO (N_2O), HALOCARBONETOS, OZÔNIO E VAPOR DE ÁGUA.

A maioria absoluta de cientistas concorda que o aquecimento global é causado pela atividade humana e pela queima de combustíveis fósseis. Como a temperatura global continua a aumentar em ritmo rápido, os cientistas preveem que no próximo século haverá catástrofes naturais mais frequentes e muitas partes habitadas da Terra podem se tornar extremas demais para a vida humana. Mas há esperança! Se a humanidade trabalhar em conjunto para reduzir a quantidade de gases do efeito estufa na atmosfera, poderemos diminuir o ritmo dos efeitos negativos do aquecimento global e, talvez, até pará-los. Ao mudar o modo como usamos nossos recursos, podemos dar às pessoas e ao planeta mais tempo para se adaptar ao clima em mudança.

AUMENTO DO NÍVEL DO MAR

Conforme os glaciares e as banquisas derretem, mais água é liberada no oceano. Nos últimos 20 anos, o nível do mar tem subido em um ritmo de cerca de 3 mm ao ano. Pode parecer pouco, mas o oceano é enorme, e é preciso muita água para fazer todo o oceano subir 3 mm. O aumento do nível do mar tem causado erosão, marés de tempestade e inundações em cidades costeiras. Se isso continuar, pode causar problemas ainda maiores e, talvez, a inundação total das cidades costeiras mais baixas.

ACIDIFICAÇÃO DO OCEANO

O excesso de dióxido de carbono não tem para onde ir, exceto para o ar e a superfície do oceano, fazendo com que a acidez deste aumente. Nos últimos 200 anos, o nível de acidez do oceano aumentou 30%, o ritmo mais rápido visto nos últimos 50 milhões de anos. Muitos animais marinhos não conseguem sobreviver a essa mudança.

CLIMA EXTREMO

Um clima mais quente significa que mais água evapora do oceano, criando chuvas mais intensas. Os oceanos mais quentes também fazem com que os furacões fiquem muito maiores e percorram uma distância muito maior do que antes. Enquanto isso, as partes secas do mundo ficam cada vez mais secas, o que significa secas mais extremas e frequentes e incêndios florestais maiores.

INCÊNDIO

TEMPESTADES

SECA

DERRETIMENTO DAS CALOTAS POLARES

Um dos indicadores mais claros do aquecimento global é o derretimento das calotas polares e do *permafrost* circundante. Dependemos dessas calotas para refletir o calor do sol para o espaço e, assim, refrescar todo o planeta. O derretimento do gelo nos mares é uma das principais causas da elevação do nível do mar.

EXTINÇÃO DE ALGUMAS ESPÉCIES

Com a continuação das mudanças extremas no meio ambiente, nem todas as espécies de animais e plantas conseguirão se adaptar rápido o bastante para sobreviver. Neste momento, os animais de clima frio continuam a migrar em busca de seus hábitats naturais, que estão encolhendo. Alguns, como os ursos-polares, podem acabar perdendo completamente seus hábitats. Os desertos estão ficando mais quentes e mais inóspitos e, com o aumento das tempestades de areia e da evaporação, os animais estão sendo empurrados para suas bordas. No mundo todo, os animais estão migrando para fugir dos efeitos do aquecimento global.

SOCORRO! NÃO CONSIGO ENCONTRAR GELO NO MAR!

COMO PROTEGER NOSSO PLANETA

Ver e entender verdadeiramente o nosso mundo é o primeiro passo para protegê-lo. Neste livro, você aprendeu sobre ecossistemas de todo o mundo, por que eles são importantes e como eles correm o risco de serem destruídos. Você viu como as montanhas estão ligadas a rios e oceanos, por que as florestas são importantes para a atmosfera e como as distantes calotas polares refrescam todo o nosso planeta. O mundo natural e sua vida selvagem nos fornecem benefícios insubstituíveis. Com uma nova compreensão da Terra, podemos começar a protegê-la. Como disse a grande conservacionista Jane Goodall: "Só se entendermos é que vamos cuidar. Só se cuidarmos é que vamos ajudar. Só se ajudarmos é que seremos todos salvos". Existem muitas coisas que podemos fazer para preservar o mundo natural. Nunca esqueça que você tem o poder de proteger o nosso planeta!

EDUCAR

Precisamos entender como os ecossistemas funcionam a fim de protegê-los. Compartilhe o que você aprendeu!

REDUZIR SUA PEGADA DE CARBONO

Use menos combustível fóssil e energia de carvão na vida diária. Use menos eletricidade! Use menos o carro! Use menos plástico!

►►►► SER VOLUNTÁRIO ◄◄◄◄

Os grupos de conservação precisam da sua ajuda.

SOLAR

EÓLICA

NUCLEAR

HIDROELÉTRICA

TÉRMICA

BIOCOMBUSTÍVEL

ENERGIA ALTERNATIVA

Para reduzir as emissões de gases de efeito estufa, precisamos mudar e diversificar os tipos de energia que usamos.

PLANTAR ÁRVORES

Nossas árvores e florestas filtram os gases de efeito estufa e produzem oxigênio.

►►►► RECICLAR E REUTILIZAR ◄◄◄◄

Não jogue fora as coisas quebradas. Conserte-as ou transforme-as em algo novo!

ORGÂNICO PAPEL PLÁSTICO VIDRO METAL

•••• NENHUM ATERRO DE LIXO ••••

Reciclar na sua casa é ótimo, mas, para ter um impacto maior, isso precisa acontecer em uma escala maior. Ajude a criar sistemas onde você trabalha ou estuda para que todos façam compostagem e reciclem.

AGRICULTURA SUSTENTÁVEL

A população humana, grande e crescente, sempre vai precisar de agricultura de larga escala, mas com o conhecimento de ecologia, biologia e economia podemos investir em torná-la lucrativa e saudável em todo o mundo.

OCEANO PROTEGIDO

PARQUE NACIONAL

NATUREZA PRESERVADA

VIDA SELVAGEM PROTEGIDA

Para preservar ecossistemas importantes, precisamos proteger as áreas de vida selvagem natural.

COMO FAZEMOS NEGÓCIOS

Muitas vezes, roupas, eletrônicos e outros produtos são feitos para serem jogados fora e substituídos. Esse é um desperdício de recursos valiosos. Em vez disso, exija e compre produtos que sejam feitos para durar muito tempo e possam ser consertados!

TRABALHO SUSTENTÁVEL

ÁGUA POTÁVEL

SEGURANÇA ALIMENTAR

LUTA CONTRA A POBREZA

Quando as pessoas têm poucas opções, podem acabar praticando caça ilegal, exploração de madeira, cultivo e criação de animais com práticas não sustentáveis e mineração perigosa. Não podemos esperar que os mais pobres pensem em salvar o planeta quando suas comunidades estão preocupadas com a própria sobrevivência. Mas, lidando com os problemas subjacentes à pobreza, podemos todos encontrar um modo de viver, sobreviver e prosperar sem causar danos ao nosso planeta.

COMER MENOS CARNE

São necessários mais energia e recursos para criar animais que para cultivar alimentos. Reduzir o consumo de carne e peixe ajuda o mundo inteiro.

PESCA SUSTENTÁVEL

Todo o nosso mundo depende dos ecossistemas marinhos. Precisamos acabar com a pesca predatória e só pescar de modo responsável.

CONSERVAR A ÁGUA

FECHE A TORNEIRA

A água doce é um recurso limitado e é escassa em muitas partes do mundo. Usar menos água também diminui o volume de água de escoamento e residual despejada no oceano.

REGULAMENTAÇÕES

Precisamos criar e aplicar regulamentações que impeçam fazendas e fábricas de poluir os rios, os oceanos e o ar.

LIGUE PARA SEUS REPRESENTANTES

VOTE

FALAR!

LEVANTE SUA VOZ

Saia daí e exija a mudança que você quer ver no mundo.

COMPARTILHE O SEU CONHECIMENTO

GLOSSÁRIO

ABIÓTICO

Partes de um ecossistema que não são formadas por organismos biológicos. Ar, solo, rochas, clima, água, nutrientes e moléculas são todos considerados abióticos. Não são, nem nunca foram, vivos.

ALGAS

Um tipo de planta que não floresce nem tem raízes, caules ou folhas. Geralmente se refere a plantas marinhas microscópicas unicelulares, mas também inclui alguns tipos de algas marinhas como a *Macrocystis pyrifera*, também chamada de alga marinha gigante, que pode atingir 50 m.

ARCHAEA

Um organismo unicelular sem nucléolo celular e com uma estrutura um pouco diferente da estrutura das bactérias. Pode ser encontrada nos intestinos dos seres humanos e em pântanos, mas também em condições extremas como água superácida e fontes termais subterrâneas muito quentes.

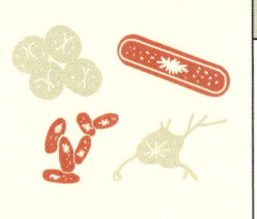

ÁTOMO

A menor unidade da matéria. Os diferentes tipos de átomos se unem para formar moléculas. Átomos do mesmo tipo se unem para criar elementos. Tudo no universo conhecido é feito de átomos.

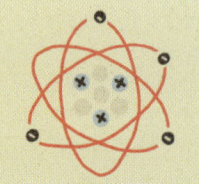

BACTÉRIAS

Um tipo de organismo unicelular encontrado por toda parte. São essenciais para quebrar os organismos em decomposição e para o ciclo de nutrientes do nosso ecossistema, e dependemos delas para viver. Elas podem ser nocivas e provocar doenças, mas também são úteis na fabricação de queijos, vinhos e remédios!

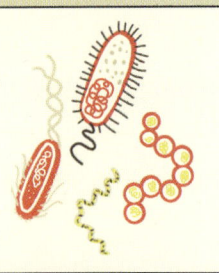

BIG BANG

Uma teoria de como o universo começou. Muitos cientistas teorizam que bilhões de anos atrás não havia nada a não ser um ponto infinitamente pequeno e denso chamado de singularidade. Isso explodiu, criando todos os átomos e toda a matéria do universo.

BIODIVERSIDADE

Quando muitas espécies diferentes de animais e plantas vivem em um ecossistema ou hábitat específico. A biodiversidade é essencial para a saúde e a resiliência gerais de um ecossistema. Só por meio da biodiversidade os ecossistemas podem se adaptar a mudanças.

BIOMA

Áreas da Terra que têm climas, plantas e animais similares. Os biomas são definidos por suas taxas de precipitação e temperaturas médias. Por exemplo, áreas muito frias e secas são consideradas tundras, enquanto lugares muito quentes e úmidos são considerados florestas tropicais.

BIÓTICO

As partes de um ecossistema que são formadas por organismos vivos ou que já foram vivos. Plantas, animais e bactérias – vivos ou mortos – são todos bióticos. Por exemplo, um tronco apodrecido é considerado biótico e uma cadeira feita de madeira morta também.

CÉLULA

As células são a menor unidade dos organismos vivos. Elas podem formar um organismo unicelular inteiro ou podem ser componentes do tecido que compõe plantas e animais.

CICLO DE NUTRIENTES

O movimento da matéria orgânica e inorgânica por um ecossistema para ser usada por seres vivos. Os nutrientes são necessários para que os seres vivos cresçam e regenerem seu corpo. Esses nutrientes retornam ao solo e ao ar por meio dos processos vitais como respiração, evacuação e decomposição final depois da morte. Os ciclos do carbono e do fósforo são dois exemplos de ciclos de nutrientes.

CICLO DA ÁGUA

CLIMA

As condições regulares de tempo e temperatura de uma área no decorrer de um longo período. Clima não é a mesma coisa que tempo. O tempo se refere ao que acontece num momento específico, ou de um dia para o outro, enquanto clima se refere a temperatura e condições meteorológicas médias durante as estações.

COMUNIDADE

Todas as partes vivas ou bióticas de um ecossistema e o modo como esses animais, plantas, fungos e bactérias interagem uns com os outros.

CONSUMIDORES PRIMÁRIOS

Animais que conseguem energia diretamente ao se alimentar de plantas. Eles geralmente são o segundo nível trófico de uma teia alimentar.

DELÍCIA!

DESENVOLVIMENTO

O processo pelo qual as pessoas constroem cidades ou centros agrícolas e a infraestrutura que os sustenta, como estrada, represas, encanamentos e linhas de transmissão elétrica.

DESERTIFICAÇÃO

Processo pelo qual terras anteriormente férteis se transformam em um deserto, um bioma com pouca ou nenhuma precipitação e poucas plantas. As florestas e os campos podem se transformar em desertos por meio de uma combinação de seca, cultivo não sustentável e desmatamento. Isso geralmente resulta em "morte do solo".

DESMATAMENTO

A remoção de muitas árvores ou de florestas inteiras a fim de usar a terra para outros propósitos. Muitas vezes, as florestas são derrubadas para aumentar as terras agrícolas ou o desenvolvimento urbano.

ECÓTONO

Espaço entre os grandes ecossistemas e onde eles se unem; por exemplo, a área em que a borda de uma floresta encontra um campo. Os ecótonos têm suas próprias características e são importantes para atividades animais específicas e proteção do núcleo dos ecossistemas.

ECÓTONO

ELEMENTO

Uma substância feita apenas de um tipo de átomo.

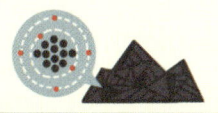

EQUILÍBRIO DE ESPÉCIES

Uma medida de quão biodiversas e quão iguais em população são as espécies em cada nível trófico. É essencial para entender a saúde de um ecossistema, a proporção entre os seres vivos que competem pelos mesmos recursos e a proporção entre predadores e presas.

EROSÃO

Processo de desgaste causado por vento, água ou outras forças naturais no decorrer de um período. Por exemplo, as ondas do oceano no litoral podem erodir os rochedos costeiros com o passar do tempo.

ESPÉCIE AMEAÇADA

Uma espécie de animal ou planta que corre o risco de extinção.

NÃO SOBRAM MUITOS DE NÓS

GORILA-DAS-MONTANHAS

ESPÉCIE INVASORA

Planta, animal, bactéria ou fungo não nativo que é introduzido em outro ecossistema, muitas vezes prejudicando-o. Uma espécie invasora geralmente prejudica um ecossistema ao competir com outras espécies por recursos como alimento, luz do sol e espaço.

ESTE LAGO AGORA É NOSSO!

MEXILHÕES-ZEBRA

ESPÉCIE-CHAVE

Planta, animal, bactéria ou fungo do qual depende todo um ecossistema. Se uma espécie-chave é removida de um ecossistema, toda a comunidade pode sucumbir.

EU CONSTRUO REPRESAS QUE AJUDAM MUITOS ANIMAIS!

ESPÉCIES-CHAVE

CASTOR

EVOLUÇÃO

Processo pelo qual se originam novas espécies por meio de mutações em seus genes no nascimento. As mutações podem ser benéficas, neutras ou negativas, mas precisam ser passadas para a próxima geração para criar uma mudança na espécie. No decorrer de um longo período, essas mutações podem se somar – por exemplo, tornando possível que os seres humanos andem eretos. Isso explica por que somos tão diferentes de nossos ancestrais antigos.

EXTINÇÃO

Fato que ocorre quando uma espécie inteira morre e deixa de existir. O pássaro dodô foi caçado até a extinção em 1662; mais recentemente, o rinoceronte-negro da África Ocidental foi declarado extinto em 2011. Hoje, muitos animais estão em perigo – e correm risco de extinção – em virtude da mudança climática, da caça ilegal e da perda de hábitat.

FÉRTIL

Uma qualidade do solo que é capaz de produzir vegetação. Ele é rico nos nutrientes de que as plantas precisam e não tem substâncias tóxicas que impeçam o seu crescimento.

FITOPLÂNCTON

Plantas microscópicas encontradas na água; a base de quase todos os ecossistemas marinhos.

FÓSSIL VIVO

Uma espécie de animal ou planta que existe há muito, muito tempo. Outras espécies próximas a ela geralmente já estão todas extintas.

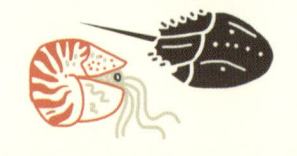

FOTOSSÍNTESE

O processo pelo qual as plantas transformam a luz do sol em alimento. A energia solar combina-se com o dióxido de carbono e a água para formar um açúcar chamado glicose (comida!). O "dejeto" desse processo é o oxigênio, que é liberado pelas plantas na atmosfera.

GASES DE EFEITO ESTUFA

Gases como dióxido de carbono, vapor de água, metano, ozônio e fluorocarbonos, que absorvem o calor e a radiação solar. Os gases de efeito estufa ocorrem naturalmente e também são um subproduto da queima de combustíveis fósseis como o carvão e o petróleo. A liberação rápida desses gases de efeito estufa, causada pela atividade humana, está acelerando o aquecimento global e resultando na mudança climática.

HÁBITAT

O ambiente natural de um organismo vivo.

HOTSPOT DE BIODIVERSIDADE

Um ecossistema ou região com uma quantidade significativamente alta de biodiversidade que também esteja atualmente sob ameaça de ser destruído. Ao identificar essas regiões, os ecologistas esperam intervir para protegê-las antes que seja tarde demais.

PROTEJA MINHA CASA!

MATÉRIA

A matéria é formada por átomos e moléculas e inclui tudo que nos rodeia. Ela não pode ser criada nem destruída, só rearranjada. A matéria circula pelos ecossistemas por meio de muitos processos como alimentação e decomposição.

MOLÉCULA

Os átomos se juntam para formar moléculas. Por exemplo, tanto o carbono quanto o oxigênio são átomos. Uma molécula de carbono e dois átomos de oxigênio se juntam para criar o dióxido de carbono (CO_2).

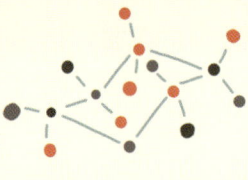

MORTE DO SOLO

Solo que não tem mais nutrientes. Isso acontece quando a terra é usada excessivamente e os nutrientes são removidos do solo mais depressa do que natureza pode repor. Está geralmente associada a sobrepastoreio ou esgotamento do solo com monocultura.

MUDANÇA CLIMÁTICA

Refere-se especificamente ao rápido aumento de temperaturas globais pelo qual a Terra vem passando, desde o século XIX até agora. É resultado do aumento de dióxido de carbono e outros gases de efeito estufa na atmosfera, provocado pela queima de combustíveis fósseis.

SOL

EXCESSO DE GASES DE EFEITO ESTUFA

CALOR RETIDO

ATMOSFERA

NICHO

O modo como determinada planta, animal ou outro ser vivo se insere em seu ecossistema. Qual é o comportamento do organismo? Que função ele tem? De que recursos ele precisa para sobreviver? Esses papéis especiais definem seu nicho.

MORCEGO (CORYNORHINUS TOWNSENDII)

PARTE DO MEU NICHO É QUE EU CAÇO DE NOITE, COMO MARIPOSAS E VIVO EM UMA COLÔNIA NAS CAVERNAS.

NÍVEIS TRÓFICOS

A hierarquia de como a energia flui por um ecossistema, começando com as plantas (produtores) e terminando com um superpredador. Mostra quem come quem e quem é comido por quem. O número de níveis pode mudar dependendo do ecossistema.

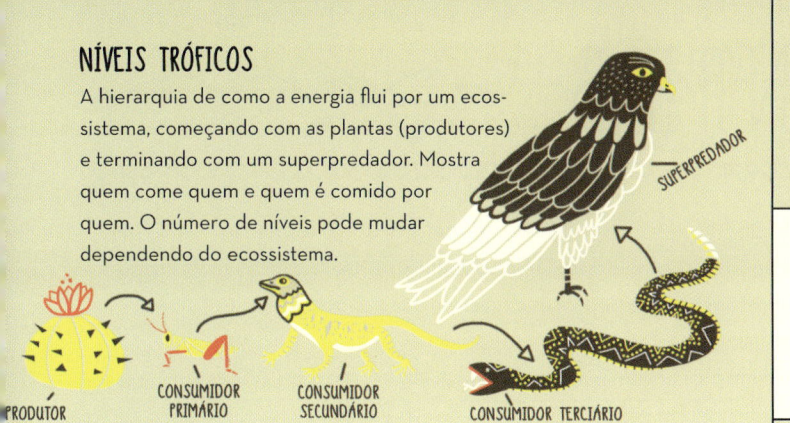

PRODUTOR — CONSUMIDOR PRIMÁRIO — CONSUMIDOR SECUNDÁRIO — CONSUMIDOR TERCIÁRIO — SUPERPREDADOR

NUTRIENTES

Vitaminas, minerais e outras substâncias necessárias para manter a vida. Carboidratos, gorduras, proteínas, carbono e água são apenas alguns dos muitos nutrientes de que os seres humanos precisam para sobreviver.

ORGANISMO

Um ser vivo individual. Uma planta, animal, forma de vida unicelular, até mesmo você – todos são organismos.

PEGADA DE CARBONO

A quantidade de dióxido de carbono criado e combustíveis fósseis usados pelas ações de uma pessoa ou um grupo de pessoas. Você pode calcular sua própria pegada de carbono somando a quantidade total de combustível usado para aquecer sua casa, produzir a comida que ingere, dirigir, voar, e assim por diante.

POLUIÇÃO

Ocorre quando uma substância nociva é colocada no lugar errado e/ou na quantidade errada e tem um efeito prejudicial sobre o ambiente.

POPULAÇÃO

Um grupo de uma determinada espécie que vive no mesmo lugar. As pessoas contam a população para saber quantos animais, plantas ou seres humanos ocupam uma área. Por exemplo, há uma população de aproximadamente 54.453 pessoas morando em Timbuktu, Mali.

QUANTIDADE DE ESQUILOS

PRECIPITAÇÃO

O vapor de água que se condensou para cair na Terra como chuva ou neve. Quando falamos que uma região é úmida ou seca, estamos descrevendo quanta precipitação, ou chuva, o lugar recebe.

PRODUTORES

As plantas que conseguem energia (e "alimento") diretamente do sol. Elas são o primeiro nível trófico de uma teia alimentar.

RESERVATÓRIO

Um depósito de recursos armazenados. Um glaciar ou lago congelado é um reservatório de água. O sedimento rochoso subterrâneo é um reservatório de fósforo. A atmosfera é um reservatório de oxigênio.

RESERVATÓRIOS DE ÁGUA

RESERVATÓRIO DE CARBONO

Uma parte natural do nosso ambiente que absorve e armazena grandes quantidades de carbono da atmosfera. Grandes florestas e partes do oceano são consideradas reservatórios de carbono.

CARBONO (CO_2)

SUCESSÃO

Processo de mudança que acontece em um ecossistema no decorrer do tempo. Os ecossistemas biodiversos podem se adaptar às mudanças que acontecem em sua região.

SUPERPREDADOR

Animal do topo da teia alimentar, que não tem predadores. Muitos acham que os seres humanos são o superpredador do mundo.

SUSTENTÁVEL

Termo para o uso dos recursos da Terra sem destruí-los nem os esgotar. O uso sustentável permite que nossos recursos naturais se recuperem para a próxima geração.

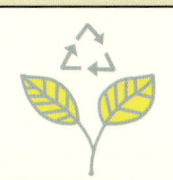

TEIA ALIMENTAR

O mapeamento do fluxo de energia por um ecossistema: quem come o que e quem recebe energia de quem.

TEMPO

O estado da atmosfera em um momento específico. Pode ser ensolarado, nublado, chuvoso, seco ou ter outros estados. O tempo complementa o clima. O clima se refere a médias de longos períodos, enquanto o tempo pode mudar de um dia para o outro, de uma hora para a outra, ou até de um minuto para o outro em alguns lugares!

ZOOPLÂNCTON

Minúsculos animais microscópicos encontrados na água. Geralmente, são os consumidores primários em uma cadeia alimentar marinha e se alimentam de fitoplâncton.

FONTES

Para escrever este livro, li livros e artigos científicos e assisti a documentários e vídeos. Visitei parques nacionais e até fui à Organização das Nações Unidas para falar com consultores de programas como a Equator Initiative. A seguir estão algumas das fontes que usei. Espero que você dedique algum tempo para ler, assistir e aprender um pouco mais sobre nosso maravilhoso mundo!

Para obter uma bibliografia completa, visite meu site: rachelignotofskydesign.com/the-wondrous-workings-of-planet-earth

SITES E ORGANIZAÇÕES

Critical Environment Partnership Fund: www.cepf.net
Encyclopedia Britannica: Britannica.com
Equator Initiative: www.equatorinitiative.org
Everglades National Park (U.S. National Park Service):
www.nps.gov/ever/index.htm
Mangrove Action Project: mangroveactionproject.org
Mojave National Preserve (U.S. National Park Service):
www.nps.gov/moja/index.htm
Moorland Association: www.moorlandassociation.org
NASA: Climate Change and Global Warming:
climate.nasa.gov/evidence
National Fish and Wildlife Foundation: www.nfwf.org
National Oceanic and Atmospheric Administration:
www.noaa.gov

National Wildlife Federation: www.nwf.org
Oceana: oceana.org
Redwood National and State Parks (U.S. National Park Service): www.nps.gov/redw/index.htm
Tallgrass Prairie National Preserve (U.S. National Park Service): www.nps.gov/tapr/index.htm
UN Sustainable Development Goals:
sustainabledevelopment.un.org/sdgs
United States Environmental Protection Agency: epa.gov
World Heritage Center Unesco: whc.unesco.org
World Wide Fund For Nature: wwf.panda.org
World Wildlife Fund: www.worldwildlife.org

LIVROS

Callenbach, Ernest. *Ecology: A Pocket Guide*. Berkeley e Los Angeles: University of California Press, 2008.
Houtman, Anne; Karr, Susan; Interland, Jeneen. *Environmental Science for a Changing World*. Nova York: W. H. Freeman, 2012.
Woodward, Susan L. *Marine Biomes: Greenwood Guides to Biomes of the World*. Londres: Greenwood Press, 2009.

FILMES E VÍDEOS

Africa. Produzido por Mike Gunton e James Honeyborne. Narrado por David Attenborough. BBC Natural History Unit, 2013.
Ecology-Rules for Living on Earth: Crash Course Biology. Narrado por Hank Green. Crash Course Biology, 19 out. 2012.
Frozen Planet. Produzido por Alastair Fothergill. Narrado por David Attenborough. BBC Natural History Unit, 2011.
Planet Earth II. Produzido por Vanessa Berlowitz, Mike Gunton, James Brickell e Tom Hugh-Jones. Narrado por David Attenborough. BBC One, 2017.

AGRADECIMENTOS

Quero agradecer muito a todos que me ajudaram com a pesquisa, a escrita e a criação deste livro. O seu apoio é muito importante para mim!

Primeiro, quero agradecer minha extraordinária imperatriz editora, Kaitlin Ketchum! A crença dela neste projeto e sua paixão por publicar livros educacionais tornaram meu trabalho possível. Muito obrigada por todos os seus *insights*, apoio e incríveis edições!

Um enorme obrigada para o resto de minha equipe na Ten Speed e suas habilidades maravilhosas. Muito obrigada também a minha equipe de marketing e publicidade – Daniel Wikey e Lauren Kretzschmar – por mandarem estes livros para o mundo! Obrigada a Kristi Hein por revisar e corrigir os erros! Meus livros são tão lindos graças à magia da produção de Jane Chinn e à diagramação talentosa de minha designer, Lizzie Allen.

Obrigada a minha agente, Monica Odom, por sempre me apoiar e coordenar o trabalho o tempo todo, ajudando a transformar minhas fantasias de livros em realidade.

Um agradecimento especial a Eva Gurria, Martin Sommerschuh e Natabara Rollosson por se reunirem comigo na Organização das Nações Unidas e compartilharem seu trabalho e histórias da Equator Initiative.

Obrigada a minha amiga, Aditya Voleti, por ajudar a checar as informações e pelas conversas à meia-noite. Um enorme "eu te amo" para meu marido, Thomas Mason IV. A ajuda dele ao verificar fatos, me alimentar e ser meu fã número 1 tornou este livro e minha vida maravilhosos. E mais um grande obrigada a minha família por todo seu amor e incentivo ao estilo Ignotofsky.

SOBRE A AUTORA

Rachel Ignotofsky é autora *bestseller* do *New York Times* e ilustradora. É a autora de *As cientistas: 50 mulheres que mudaram o mundo* e de *As esportistas: 55 mulheres que jogaram para vencer*. Com este livro, ela quer apresentar aos leitores o empolgante mundo da natureza, da ecologia e da conservação!

Seu trabalho é inspirado pela história e pela ciência. Ela acredita que a ilustração é uma ferramenta poderosa que pode tornar a aprendizagem empolgante. Rachel espera usar seu trabalho para divulgar sua mensagem sobre educação científica e feminismo.

Você pode encontrá-la no Instagram @rachelignotofsky e no site rachelignotofskydesign.com.

ÍNDICE REMISSIVO

TRADUÇÃO
SONIA AUGUSTO

COORDENAÇÃO EDITORIAL
BONIE SANTOS

PRODUÇÃO EDITORIAL
ISABEL SILVA E LUANA NEGRAES

PREPARAÇÃO DE TEXTO
ANDRÉA STAHEL

DIAGRAMAÇÃO
ADRIANA AGUIAR SANTORO

REVISÃO DE TEXTO
BÁRBARA WAIDA

ADAPTAÇÃO DE CAPA
LEANDRO CUNHA

IMPRESSÃO E ACABAMENTO
GRÁFICA PLENA PRINT

Blucher

Rua Pedroso Alvarenga, 1245, 4º andar
04531-934 – São Paulo – SP – Brasil
Tel.: 55 11 3078-5366
contato@blucher.com.br
www.blucher.com.br

Segundo o Novo Acordo Ortográfico, conforme 5. ed. do *Vocabulário Ortográfico da Língua Portuguesa*, Academia Brasileira de Letras, março de 2009.

Dados Internacionais de Catalogação na Publicação (CIP)
Angélica Ilacqua CRB-8/7057

Ignotofsky, Rachel
    Os bastidores do incrível planeta Terra / Rachel Ignotofsky; tradução de Sonia Augusto. – São Paulo: Blucher, 2020.
    128 p. il.

    Bibliografia.
    ISBN 978-85-212-1952-1 (impresso)
    ISBN 978-85-212-1953-8 (e-book)

Título original: *The Wondrous Workings of Planet Earth*.

    1. Civilização – Filosofia.   2. Evolução humana.
3. História do mundo.   I. Título.   II. Augusto, Sonia.

20-0314   CDD 909

Índice para catálogo sistemático:
    1. Civilização – História 909